디지털 네이티브의 사회적 시간은 짧다

사이버문화 읽기

박창호

머리말

인터넷이 집중하고 사유하는 능력을 갉아먹고 있는 듯하다. 내 정신을 이제 인터넷이 떠먹여주는 대로 정보를 받아들이려 한다. 눈 깜짝 할 새에 지나가는 정보의 급류를 당연하게 여기는 것이다.

– 니콜라스 카의 〈구글은 우리를 바보로 만드는가〉에서

오늘날 자신의 감정, 열망, 경험을 소통하는데 인터넷을 통하지 않고서는 어렵다. 인터넷이 우리에게는 일상의 안식처가 되고 있다. 인터넷 속에는 스스로 얻을 수 있는 만족감을 위한 장소가 많다. 정확히 말해서 장소라기보다 인터넷 속의 플랫폼이다. 자랑, 만족, 공존, 소비, 이벤트 등 인터넷에서 누릴 수 있는 것들이 많아지면서 인터넷에 적응하기 위한 노력이 필요하다. 인터넷의 적응은 즐거움을 위한 적응이다.

그 즐거움에 우리는 한발 들여 놓고 있다. 한발 들여놓은 참견이 헛발질이 될지라도 참견의 즐거움은 해학과 풍자로 기분을 잠시 전환시킨다. 희망을 가지면서 인터넷을 접하게 되는 이유이다. 구글이 바보를 만들 순 있어도 인터넷은 우리를 바보로 만들진 않는다.

인터넷 덕분에 목소리를 낼 기회가 많아졌다. 그래서 의심, 위협, 좌절, 대결도 인터넷에서는 얼마든지 볼 수 있다. 한 사람의 삶을 침울하게 만들면서 평생의 상처로 남게 하는 위험도 인터넷의 문화 속에서 일어난다. 사회적 쟁점이 생길 때마다 인터넷에서는 쟁점의 원래 의도와 다르게 걷잡을 수 없이 퍼져나간다. 알 수 없는 사람이 휘두른 힘에 쓰러지기도 하고 불필요한 장난에 상처를 입기도 하는 것은 인터넷에서 흔하다. 인터넷에서 일어난 다양한 삶의 양식을 사이버문화란 이름으로 들여다보는데 있어 사회학적 상상력이 필요하다. 사람들이 자신에게 닥친 일을 사회학적으로 생각하는 것은 사회학을 접한 사람이 아니고는 좀처럼 하기 힘들다. 너무나 당연시 되는 많은 일들을 사회학적 접근으로 보려는 시도에는 최소한의 사회학적 상상력을 동원해야 한다. 사회학이 탐구하려는 대상은 우리와 동떨어진 것이 아니어서 무엇이 연구대상인지 식별하기가 쉽지 않다. 사회학적 통찰력을 동원하는 기교 아닌 기교로 들여다보지 않으면 으레껏 그러려니 하는 마음으로 보게 되는 것이 우리의 일상사이다.

사이버공간에는 수많은 즐거움이 있고 그곳에서 일어나는 문화들은 흥미진진하다. 인터넷의 수많은 정보들은 거의 무한정 늘어가고, 적응하는 문화는 빠르게 출현한다. 거기에 인간은 자신들이 즐기고 좋아하는 문화만 선택적으로 관심을 갖고 참견한다. 인터넷은 실시간 활동인 현재가 중요하다. 인터넷은 현재 시제로 생각하게 한다. 지금에 대해 배우는 것이 많아질수록 유용하다. 과거에 대해 아는 것은 적응에 별 도움이 되지 않는다. 인터넷에서는 지금 당장 벌어지는 일이 중요하며 과거 또는 미래의 일은 중요성에서 떨어진다. 현재에 대한 관심이 멀어진 문화는 인터넷에 도태되고 사라진다. 사이버문화란 이름으로 이러저러한 내용의 글을 조합하여 만든 이 책도 시간이 지날수록 현재를 떠나 과거로 가게 되어 내용이 진부하고 구닥다리가 될 수 있다.

사이버문화를 탐색하는 이 책이 곧 구닥다리가 되더라도 사회학적 틀 속에서 수집하여 보여주는 것만으로도 의미가 있다고 생각한다. 흔적으로 남기는 인터넷의 문화가 미래의 삶의 양태를 변화시킬 새로운 문화에 대한 대처로 기여할 수 있지 않을까 하는 믿음은 인터넷의 문화란 복제와 모방에서

비롯된다는 생각 때문이다. 인터넷은 하루가 다르게 변하고 있다. 인터넷에는 정보들이 무궁무진하게 쏟아진다. 우리는 정보를 따라 잡을 수 없다. 정보의 사실성 못지않게 빠르게 유통되는 정보의 방향도 중요하다. 네트워크를 통해 교환되는 정보, 당신이 소유한 정보는 곧 인터넷 문화의 바탕이다. 인터넷은 인간의 정신을 대신하지는 못하지만 우리가 사고하는 방식을 바꾸고 삶의 양식을 변화시키는데 큰 역할을 한다. 인터넷의 논제는 인터넷의 기술적 진화가 아니라 작은 조각들로 이루어진 인터넷의 정보를 사람들이 어떻게 주고받는가 하는 데서 나타난 영향들이다. 이제 인터넷을 알기보다 인터넷이 만든 문화를 알아야 한다. 사이버문화 속에서 인간들의 삶의 양식이 드러난다. 이 책은 인터넷에 익숙한 디지털 네이티브의 일상을 인터넷의 삶의 양식으로 크게 6가지 주제로 구분하여 보여주고 있다.

글을 쓴다는 것에 늘 뒤따르는 것은 뭔가 모를 아쉬움이다. 부족함을 알면서도 자료의 부재만 탓하면서 고치지 못하는 게으름은 전적으로 글쓴이의 귀차니즘의 발동이다. 아쉬움의 책임을 글쓴이에게 돌리지만 동시에 독자들에게 해량을 바라는 마음을 가져본다. 이 책이 나오기까지 많은 도움을 준 숭실대학교 학생들에게 고마움을 전한다. 특히 학부 학생

오은선, 이다솜과 대학원생 강은경은 초고의 오류를 세밀하게 가려내어 글의 수정에 큰 도움을 주었다. 글쓰기에 힘이 된 준 주변인들을 일일이 열거하지 않았지만 크고 작은 도움은 이 책의 결실에 분명 영향을 미쳤다는 것을 고마움으로 남기고 싶다. 특히 책의 출간과 함께 곧 군복무에서 제대를 앞둔 아들 박진욱 중위도 든든한 후원자였음을 밝혀둔다. 끝으로 어려운 여건 속에서 출판을 기꺼이 맡아준 서울경제경영 출판사 김은중 대표님에게 깊은 감사를 표한다. 이 책은 인터넷에서 무엇을 아느냐가 아니라 무엇을 찾을 수 있느냐 하는 것을 사이버문화로 보여주려고 시도한 책이다. 인터넷에서 찾을 수 있는 문화가 이것 외에도 더 있을 수 있다고 본다. 또 다른 사이버문화의 과제는 다음 기회로 미루면서 부족함을 달래본다.

2020년 6월

박 창 호

목 차

제6장 파워의 무한 _ 207

프롤로그

디지털 네이티브의 사회적 시간은 짧다

사이버문화에 대해 몇 가지 적어보면서 시작한 글이 이렇게 다양하게 많은 말들로 채워질 줄 몰랐다. 이 주제를 오랫동안 강의했다는 느긋함에 식은 죽 먹기로 뚝딱 답할 수 있을 줄 알았다가 늘어섰나. 인터넷 기술의 발전과 함께 인터넷 문화는 변화를 거듭하고 있다. 인터넷은 새로운 문화를 발견하고 생산한다. 생물학적 유전gene과 다른 문화적 유전자 밈meme이 모방과 복제를 거쳐 사람들의 생각과 신념을 전달하듯이 인터넷 속의 문화들은 전파되면서 진화한다. 사이버문화를 쉽게 말할 수 없는 이유는 무언가 정리하여 보여주는 순간 또 다른 형태가 등장하기 때문이다. 인터넷이 우리 삶에 다가온 것은 30여 년에 불과함에도 일상생활 곳곳에 미친 영향은 만만치 않다. 사람들의 삶의 양식이 당혹스러울 정도로 달라졌음에도 아무런 생각 없이 스마트폰을 열고 앱을 깔고 친구랑 대화하고, 물건을 사고 욕망을 채운다.

인터넷 문화의 진화에서 발견되는 패턴들을 과학적으로 설명할 수는 없다. 인터넷의 패턴들은 내러티브 패턴이지 과학적 패턴이 아니다. 현실세계를 재생산하는 정돈되지 않는 내러티브로 표현된 것들이 정보란 이름으로 널려 있는 것이 인터넷이다. 당장의 욕구를 달랠 수 있는 스마트폰 속의 정보는 순식간에 내 손에 들어온다. 정보가 갖는 맥락은 결여되어 있지만 신속하게 얻을 수 있다. 문화의 진화는 내러티브 패턴들의 확산이다. 인터넷의 기술이 발전하면서 손가락 하나로 다룰 수 있는 정보의 양은 어마어마하게 많아졌고 정보 접근 속도가 무지 빨라졌다는 사실이다. 인터넷에 걸쳐있는 문화들을 섭렵하고 이용하는 사람들은 인터넷 속도에 민감하게 되었다. 그만큼 컨텐츠 이용시간이 짧은 것을 선호한다. 사람들에게 오랫동안 무언가를 찾기 위해 노력하는 인내심을 기대하는 것은 인터넷에선 어렵다.

줄어든 시간을 보면서 사회학적 대상으로서의 시간을 고민한 적이 있었는지 되돌아본다. 시간을 사회학적으로 생각한다는 것은 익숙지 않다. 근대 사회학의 대부분은 공간과 장소를 중심으로 펼쳐왔다. 퇴니스의 게마인샤프트나 게젤샤프트의 공동체 이론도 공간을 중심으로 관심을 둔 것이고, 노동과 자본, 도시와 농촌, 산업과 탈산업 모두 알고 보면 사람과 지역과 장소에 매인 사회학이었다. 사람들은 사회적 물리적 맥락과는 별도로 표준화된 시계 시간의 단위 속에서 행동한다. 규율된 시간의 주체로서의 인간은 늘 시간에 통제를 받는다. 그럼에도 시간에 대한 논의에 관심을 두지 않았다. 뒤르켐이 '사회적 시간'을 지칭한 것에 눈길이 끌렸다. 인간만이 시간 개념을 가지며, 인간 사회의 시간은 추상적이고 비인격적인 것으로 사회적으로 조직된 것으로 보았다. 시간은 사회 속에서 산출된 객관적으로 주어진 사회적 사유범주이고 그것은 사회마다 다르다는 주장이다.* 똑같은 삶의 양식을 꾸리더라도 사람들이 들이는 시간은 달라질 수 있다. 인터넷에서 시간은 중요하다. 인터넷에서의 시간은 속도에 맞춰진다. 정확히 말해 짧은 시간에 사람들은 더 관심을 갖고 흥분하고 모여든다.

* 터너, 브라이언 엮음 (2010), "시간 · 공간 분석의 약사", 『현대사회이론의 흐름』, 박형신 외 옮김, 한울, 687.

'틱톡'은 15초에서 1분 이내의 짧은 영상을 제작해서 공유하는 인터넷 플랫폼이다. 2016년에 시작한 글로벌 동영상 플랫폼으로 전 세계 150개국 이상에서 인기를 끌고 있으며 2018년에는 세계에서 가장 많이 다운로드된 앱으로 선정되었다. 유튜브의 경우도 재생 시간이 길게 이어지는 것은 사람들이 외면한다. 실제 2018년 4월 한 달간 조사 결과 유튜브 인기 동영상 카테고리에 게시된 50개 중 정치관련 내용을 제외한 42개 영상의 평균 재생 시간은 약 9분 정도였다. 이용자들에게 가장 많이 노출되는 카테고리 영상의 평균 재생 시간은 10분도 되지 않는다는 사실이다. 속도speed, 짧은 시간short time, 간편화simplification를 앞세운 스낵컬쳐가 대세이다. 웹툰이나, 네이버 TV, 카드 뉴스의 구성은 기본적으로 짧은 시간을 전제로 한다.

사람들 사이의 관계도 깊이 있는 관계보다 얇은 관계로 짧은 순간에 이어지는 긱 릴레이션gig relation이 트랜드이다. 시간 투자 열정으로 맺어지는 것이 아니라 그때그때 개인의 필요에 따라 이어지고 끊어지는 일시적인 관계를 함축하고 있다. 필요할 때만 소통하는 일회성 인간관계로 '티슈인맥'이나 '랜선이모'가 등장한다. '티슈인맥'은 티슈처럼 내가 필요할 때만 소통하는 필요에 의해 맺어진 일회성 인간관계를 말하고, '랜선이모'는 한 번도 만나적 없지만 온라인 컨텐츠에 나타난 것을 보고 이모가 된 마음으로 관계 맺기를 하는 형태이다. 시간이나 노력을 들이지 않고 필요에 의한 인간관계가 등장한 것이다. 인간관계의 가성비로 치자면 이보다 더 좋은 것은 없다. 혼밥 혼술을 즐기는 비혼족 싱글족이 늘어나면서 관계를 축소하는 사람들이 늘어난 것도 시간을 들이지 않는 편리함과 간편함에서 나온 것이다.

디지털 네이티브는 디지털 환경에서 자란 세대들이다. 커뮤니케이션이 갖는 으레 있는 문제로 이메일, 웹에 올리는 글, 동영상의 다운 등은 늘 속도에 발목을 잡히기 일상이었다. 속도로 접하는 인터넷 기술에 익숙하여 시간에 민감하다. 짧은 시간에 뭔가를 이루는 스낵컬쳐, 간결함을 추구하는 사이버 언어, 한 컷으로 자신의 특화된 감정을 보여주는 짤방, 깜짝 등장해서 사람들을 놀라게 하는 인스턴트 공연인 플래쉬몹, 목적을 앞세워 시간을 단축하고자 하는 사랑의 수단인 앱 등 사이버문화는 사회적 시간을 줄이는 쪽으로 진화한다. 어마어마한 협업으로 탄생한 위키백과 또한 오랜 시간으로 만들어지는 것이 아니라 여러 사람들이 모여서 나온 결과로 시간을 단축한 지성이다. 속도 탓에 명료성이 떨어지는 위험이 있다. 디지털 네이티브는 속도를 더한 군중으로 정보의 정확성은 떨어지고 신중함은 위협을 받지만 시간이라는 합리화에 매달려 짧은 시간을 선호한다. 인터넷의 문화인 사이버 문화를 탐닉하는 디지털 네이티브들의 사회적 시간은 짧아진다.

제1장

소비 욕망

함께 소비하면 우리는 행복할까?
- 공동구매 -

▸ **리차드 세넷, 『투게더』**

인간의 공존양식은 '함께하기'에서 시작한다.

차이 때문에 생길 수 있는 불안감을 줄이려는 경향이 협력을 만들어낸다. 이러한 협력은 네트워크를 이루어 만들어낸 기능적 분업의 협력이 아니라, 차이를 중화하고 함께하기를 통해 경제적 이득을 취하는데 우선한다. 인터넷에서의 공동구매도 마찬가지이다. 소셜 네트워크 서비스를 중심으로 이루어지는 공동구매는 한 소비자가 원하는 상품을 구매하기 위해서 목적을 같이하는 소비자들을 소셜 네트워크 서비스를 통해 직접 모집하거나, 그러한 구매를 하는 집단을 찾아 함께 소비활동을 하는 것이다. 생산자 혹은 판매자와 접촉하여 소비자들의 수요를 전달하고, 그 수요에 합당한 상품의 생산과 구매가 이루어진다.

SNS를 중심으로 한 공동구매는 생필품 중심의 구매와, 취향 중심의 구매로 나누어진다. 생필품의 경우는 카페와 커뮤니티를 중심으로 이루어지고, 취향에 따른 상품구매는 블로그나 트위터를 중심으로 활발하게 전개된다. 식품과 생필품을 공동구매하는 경우에는 좋은 품질의 상품을 저렴한 가격에 구매한다는 경제적 이득을 취하는 장점을 가지고 있고, 취향 상품의 경우에는 찾기 어려운 아이템을 구하는데 다른 사람의 정보를 이용할 수 있는 협력을 얻는다는 장점이 있다. SNS를 통한 공동구매는 사회 자본social capital이 된 네트워크의 긍정적인 영향력을 쉽게 이용한다.

온라인에서는 이해관계에 맞춰 개인의 관심사, 취향만으로도 손쉽게 네트워크를 만들 수 있고, 그러한 네트워크를 적극 이용하여 개인들의 소비 욕망을 쉽게 구현할 수 있다. 구매를 주도적으로 진행하는 소비자를 '총대'라는 단어로 속칭하는데, 총대의 신분이 명확하게 드러나지 않는 익명적 상태에서도 구매 진행은 활발하게 일어난다. 익명성의 활동이 가져올 위험도 소비욕망 앞에서는 무색하게 된다. 공동구매를 위해 모인 다른 소비자들도 역시 자신의 신분이 드러나지 않는다. 단순히 공동의 구매 관심이 신뢰를 형성하고 소비로 이어진다. 소비에 비슷한 생각을 가진 소비자가 제품을 추천하고 소비를 권유하게 되고 소비자의 무리로 만들어지면, 생산자와 직접 연결을 시도하고 실제 거래의 비용을 줄이면서 구매자로서 제품에 대한 품질과 경쟁성을 높이게 된다. 또한 총대는 기존의 소비자들과 달리 소비자임에도 불구하고 주도적으로 리더십을 가지고 거래를 이끌어나간다.

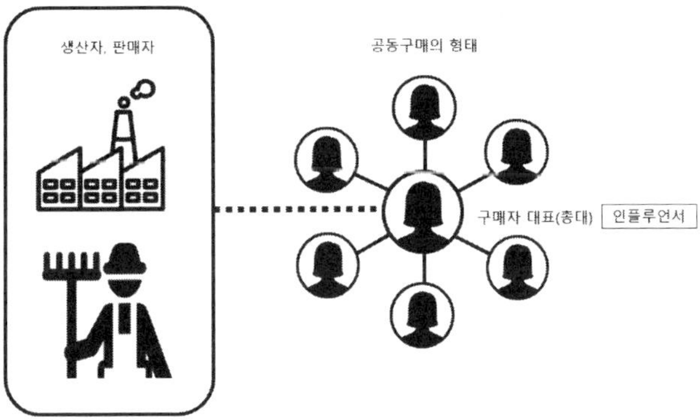

〈그림 1-1〉 공동구매의 진행 구도

특히, 오프라인에서 드러나지 않는 취향공동체에서의 공동구매는 많은 사람들이 참여하지 않지만 상대적으로 소비

욕망의 집중도가 높아 항상 기대치를 뛰어넘는 소비만족을 이끌어낸다. 일반적인 상거래의 경우 사람마다 제품에 대한 기대치가 달라 구매평가가 다양하게 나타나지만 취향공동체의 경우 비슷한 기대치를 가지고 있다는 점 때문에 공동구매 후의 평가가 대체로 고르게 긍정적이다. 공동구매는 일종의 소셜 공동체를 형성한다. SNS로 연결된 얼굴도 본 적 없는 관계지만 사람들은 온라인의 공동구매를 통해 공감대를 갖는다. 소비과정에서의 공감대는 취향이나 기호 중심의 구매일 경우 친밀감으로 발전하기도 한다. 취향 중심의 공동구매는 같은 것을 좋아한다는 긍정적인 감정이 작용하고 구매 후에는 더욱 강한 유대감과 공동체의 일원이라는 감정이 생겨 공동체에 적극적으로 참여하기도 한다.

이렇듯 SNS를 중심으로 이루어지는 공동구매는 SNS를 이용하는 심리와 공동구매를 하는 심리가 중첩되어 긍정적인 결과를 이끌어낼 것이라는 이해 속에서 인터넷의 여러 플랫폼에서 활발하다. 이러한 공동구매 형태에 주목해야하는 이유는 다른 분야에 주는 영향력이 크기 때문이다. 일부 공동구매들은 소멸 직전의 사업을 구제하기도 하면서 비공식적으로 이루어졌던 구매가 긍정적인 방향으로 공식화되어 자리를 잡기도 했다. '쿠팡'의 경우 일정 인원 이상 구매자가 모이면 판매를 개시하는 형태의 공동구매를 진행하면서 2010년 사업을 시작하던 초기에 '반값 할인 공동구매'라는 전략으로 성공을 이루었다. 하지만 모든 형태의 거래가 그러하듯이, 공동구매에도 약점이 존재한다. 취향을 위한 소비가 공동구매로 만족감을 높일 수 있지만 다양한 취향과 관련한 소비를 공동구매에만 전적으로 의존할 수는 없다.

공동구매는 모든 상품에 적용될 수는 없으며, 공동구매를 위한 조건에 맞아야 한다. 공동구매자들이 직접 주문을 넣고 생산되어 손에 넣기까지 기다려야 한다는 점이 일반적인 전자 상거래와 다르다. 소비과정에서 소요 시간이 길어질 수도 있다. 이보다 더 큰 문제는 신뢰의 문제이다. 물건을 엉터리로 올리거나 아예 없는 물건도 공동구매가 가능하다면서 사람을 모으는 사기행위가 일어난다. 익명성을 바탕으로 하는 인터넷의 속성이 낳은 문제이기도 하다. 거래 내역 등을 확보하고 신고하여 피해를 줄일 수도 있지만 확실한 방지책이 되지는 않는다. 그럼에도 불구하고 행복을 위한 공동의 욕망 실현은 구매에서의 작은 헛점에도 사라지지 않을 것이다. 비공식적 협력의 힘인 '함께하기'를 주목한 영국의 사회학자 세넷은 주요한 정보경험을 공유하는 인터넷 사이트는 협력을 상상하는데 큰 도움이 된다고 했다.[1] 개인주의를 버리고 나타나는 신부족주의를 주장한 프랑스의 마페졸리도 세상을 살아가는 힘을 우연한 방식으로 이루어지는 집단화라고 했다. 마페졸리는 포스트모던적 부족들이 '대상'을 향해 모이게 되고 거기서 집합적 사고와 공동의 감정으로 집합적 열광을 느끼게 된다고 했다.[2] 함께 구매하면서 느끼는 공동의 감정이 편익을 도모하는 행복의 열광으로 된다면 공동구매는 계속될 것이다. 불평등하고 불안하고 불안정한 사회에 함께 한다는 것은 평안함을 위한 방편이기 때문이다.

타인의 구매 경험이 합리성의 기준
- 소셜커머스 -

▸ **제프리 밀러, 『스펜트』**

우리는 지위나 쾌락을 위해 물건을 사서, 타인에게 과시하거나 스스로를 즐겁게 한다.

물건을 산다는 것은 선택행위이다. 선택의 순간 누구나 최상의 선택을 하고자 한다. 완벽하진 않지만 가급적 최선의 선택을 원한다. 그러나 그렇지 않은 경우가 훨씬 많다. 시간 정보 지식의 부족, 예측 불가능성, 그리고 인간의 욕망과 편견은 완벽한 선택을 가로 막는다. 1978년 노벨경제학상을 받은 인지과학자 허버트 사이먼은 '제한적 합리성 모델', 즉 '만족화 모델'을 주장한다. 대충 "이만하면 만족한다"good enough는 주관적 만족에 머무르게 되는 한계를 인정하는 선택을 하게 된다. 대안이 너무 많으면 우리의 인지적 자원이 그 대안에 따라 갈 수 없다. 기대효용의 극대화로 최적화 원리에 따르는 것이 아닌 다른 선택 기준을 따르는 것이다. 소셜커머스는 인지적 한계로 인해 단순화된 선택에 도움을 주는 채널이다. 타인의 구매 경험을 합리성의 기준으로 삼아 내가 만족할 수 있는 대안으로 이용한다. 어차피 무엇을 사든 알 수 없는 정보에 매달리기보다 다른 사람들의 구매를 훑어보고 사는 게 속편할 수 있다. 다른 사람과 함께 하는 소셜 미디어를 이용한 선택이다. 적어도 구매에 있어서 자신의 합리성을 타인의 선택행동에 편승하는 것이다.

소셜커머스 그 자체는 새로운 것이 아니다. 새롭다면 E-커머스e-commerce기술과 소셜 미디어가 합쳐졌다는 사실이다. 소셜커머스는 디지털 트렌드인 소셜 미디어와 E-커머스의 융합에서 유래된 단어로 '포럼, 커뮤니티, 별점, 리뷰, 블로그 등을 통해 소비자들이 상품정보를 공유하고 판매자는 이를 바탕으로 다른 소비자의 적극적 참여를 유도하여 상거래를 이끄는 것'으로 정의될 수 있다. 즉, 소셜커머스는 사회적 상호작용이 지원되는 소셜 미디어를 이용하여 온라인 구매의 정보를 공유하면서 소비를 이끄는 전자상거래의 일종이다. 소셜커머스는 2005년 야후Yahoo에 의해 처음 만들어진 용어로 야후 쇼핑사이트에서 장바구니 및 평점 등을 공유할 수 있는 쇼퍼스피어shoposphere서비스를 일컬어 사용되어졌다. 또한 오늘날 소셜커머스는 온라인상의 네트워크서비스SNS와 개방 및 공유를 포함한 실시간성, 확장성, 그리고 모바일 기기상의 위치기반서비스LBS: local based service를 통한 오프라인 매장 정보 등을 포함하는 포괄적인 개념이라고 할 수 있다.[3]

소셜커머스가 인기를 끌고 있는 이유는 소셜커머스 업체에게도 이익을 제공할 뿐만 아니라 업체와 계약한 지역 소매업체나 판매업체, 상품을 구입하는 소비자에게도 도움을 줄 수 있기 때문이다. 우선 지역 소매업체는 비록 낮은 가격에 상품을 판매하고 수수료까지 소셜커머스 업체에 지불해야 하는 부담이 있지만, 높은 광고 효과를 얻을 수 있다. 동시에 소비자는 상품에 대한 정보와 함께 할인율이 적용된 가격으로 저렴하게 상품을 구매할 수 있는 기회가 생기는 것이다. 여기에 소셜커머스 업체의 입장에서는 지역 소매업체와 소비자 사이의 거래에서 수수료를 받을 수 있다.

놀라운 변화는 소셜커머스가 소셜 미디어의 발전과 함께 한다는 사실이다. SNS와 결합하고, 모바일의 확산으로 앱 형태의 커머스로 발전하며, 증강현실, 위치기반 서비스를 통해 실시간성과 확산성으로 합리적 소비행위를 이끈다. 모바일

단말기와 위치기반 서비스를 통해 오프라인까지도 범위를 확장하고 있다. 이제 소셜커머스에서는 다수의 참여가 만들어 내는 기존의 '집단지성'이 아닌 정보를 비교하고 선택하여 결정하는 신뢰기반의 '소셜지성'이 합리성의 기준이 된다.[4] 단순히 E-커머스의 차원이 아닌 매우 포괄적이고 광범위한 개념이 되었다.

소셜 커머스의 유형은 크게 세 가지로 나눌 수 있다. 소셜 미디어 내에서 상거래가 이루어지는 방식인 소셜 웹Social Web형, 상거래 서비스 내에 소셜 미디어적 요소가 존재하는 방식인 소셜 링크Social Link형, 상거래 서비스와 소셜 미디어가 각각 독립적으로 연계되는 방식의 공동구매형으로 나눈다.

소셜 웹형

소셜 웹형은 소셜 미디어 내에서 상거래가 이루어지는 방식이다. 페이스북에 쇼핑몰 페이지를 여는 F-커머스F-Commerce가 대표적이다. F-커머스의 기반이 되는 페이스북은 하나의 SNS를 넘어 세계적인 웹 생태계 속에 쇼핑몰을 구축한 전자상거래의 플랫폼인 것이다. 손쉽게 사용할 수 있는 유, 무료 빌더를 통해 기본적인 기능을 모두 갖춘 쇼핑몰을 페이스북 내에 개설할 수가 있다. F-커머스는 페이스북을 활용함으로써 페이스북의 엄청난 회원들을 잠재적인 고객으로 확보하게 되고, 회원들간의 상호작용으로 인해 자연스러운 홍보가 이루어지게 되는 장점이 있다.

〈그림 1-2〉 F-Commerce 에 입점한 각종 업체[5]

소셜 링크형

소셜 링크형은 상거래 서비스 내에 소셜 미디어적 요소가 존재하는 방식으로 쇼핑몰에서 SNS로 이동할 수 있는 버튼형식의 연결링크를 제공하는 방식이다. SNS의 글쓰기에 자동으로 삽입되거나, 자신의 SNS에 웹페이지가 그대로 복사되어 게시물로 생성하여 자연스럽게 다른 사용자들의 링크를 이끌어내는 형태이다. 이 유형은 소셜커머스의 가장 기본적인 유형으로 'Share This' 등을 활용할 경우 손쉽게 적용이 가능하며, 예전부터 블로그 내에서도 이용했던 기능으로 이용자들에게 비교적 친숙하다.

공동구매형

공동구매형은 상거래 서비스와 소셜 미디어가 각각 독립적으로 연계되는 형태로 소셜 미디어를 가장 적게 활용하는 방식이라고 할 수 있다. 공동구매형은 말 그대로 기존의 공동구매 사이트가 SNS를 접목시킨 것으로 사이트에서 제공하는 특정 제품에 대하여 최소 구매 수량 목표 달성 시, 보다 높은 할인 혜택을 제공하는 공동구매 형태이다. 이 유형은 적립금 부여 등을 통한 혜택을 주면서 소비자들로 하여금 SNS를 활용하게 하여 주변인들의 참여를 도모하는, 현재 국내에서 가장 이슈가 되고 있는 소셜커머스 형태이다. 또한 소비자가 자신이 싸게 구매한 상품 또는 그러한 경험들을 SNS 등의 실시간 정보 전달과 공유로 소비행위의 홍보를 확산시킴으로써 보다 많은 고객과 소비자의 구매 효과를 유도한다.[6]

사람들은 소비를 하면서 선택하게 되고, 선택의 과정에 합리적 의사결정이나 행위를 한다. 편익과 기회비용을 따져서 손해보지 않는 선택에 눈을 돌린다. 효용극대화라는 목표를 통해 합리적 사고를 하는 인간은 언제나 선택 상황에 직면하면서 자신의 효용 극대화라는 스트레스와 맞닥뜨리게 된다. 왜냐하면 적어도 실패하는 소비는 하지 말아야 하니까. 여기에 소셜 미디어는 이러한 스트레스를 줄여주는 이성적 효율적 선택이라는 합리성에 도움이 되면서 소셜커머스는 일상화된 문화가 되고 있다. 합리적 선택만이 아니라 선택을 위한 정보제공에서도 소셜커머스는 중요한 메커니즘이다.

스타와의 관계를 돈으로 사다
- 아이돌 굿즈 -

▸ **장 보드리야르, 『소비의 사회』**

사물의 소비를 사용가치의 소비보다는 행복의 소비로 규정한다.

장 보드리야르는 1970년 출간된 〈소비의 사회〉에서 풍요와 소비가 현대 사회를 지배하는 새로운 도덕이라고 했다. 소비는 단순히 물질적 재화나 사물의 소비가 아닌 상품을 통해 얻을 수 있는 가치와 관계의 소비라는 것이 그의 주장이다.[7] 50년 전 출간한 책에서 예견한 사회는 소비사회로의 진입이었다. 소비사회는 지금도 확장 발전하고 있다. 소비 트렌드로 주목을 끈 것은 이미지 소비였고, 상징 소비였다. 명품가방 '구찌'와 '프라다'의 구매는 유용성에 앞서서 초사물

super-object임을 뜻하는 이미지의 소비이며 의미의 소비이다. 이제 이미지를 앞세운 상징과 의미의 소비가 아닌 새로운 소비가 등장한다. 관계의 소비이다. 아이돌 굿즈의 소비는 관계의 소비이다.

아이돌 팬들이 굿즈를 구매하는 행위는 다른 상품의 소비와 차원이 다르다. 소비층이 갖는 아이돌에 대한 애정과 관심이 매우 중요한 기제로 작동한다. 이들에게 그 상품의 실제 용도와 의미는 중요치 않다. 방탄소년단BTS 얼굴이 프린팅 된 부채를 8천 원에 구매하는 것은 부채의 기능과는 상관이 없다. 팬덤 문화를 누리기 위해 팬들이 굿즈를 구매하는 행위는 팬들과 아이돌 스타 사이의 관계를 소비하는 것이다. 굿즈 자체의 실용성은 중요치 않다. 아이돌 스타의 상징성이 내재되어 있는 굿즈를 통해 관계를 만드는 것이다. 굿즈의 소유여부는 관계의 차별성을 보여준다. 굿즈는 원래 일본 아이돌 팬들 사이에서 유래했다. 팬을 대상으로 한 소비물품으로 아이돌의 브랜드나 인물을 디자인한 상품을 뜻한다. 특정 팬을 위한 상품이란 점에서 제한적이었다. 그러나 아이돌 시장이 확산되면서 아이돌 굿즈 소비는 하나의 문화로서 급격히 성장했다.

문화를 소비하는 방식인 아이돌 굿즈의 소비는 팬들의 팬덤 문화와 함께 변화했다. 초기 1세대 아이돌인 .H.O.T와 젝스키스의 굿즈는 팬덤 간의 차별을 위해 집단 정체성을 구축하는 수단으로 이용되었다. 각자 그룹을 상징하는 특정 색의 풍선, 우비 등 소속사에서 팬클럽에게 제공해주는 물품들로 꾸밈이 없이 수수하게 보였다. 2000년대 들어 2세대 아이돌의 등장과 함께 아이돌 굿즈를 소비하는 방식에 새로운 변화가 일어났다. 아이돌 굿즈는 자신이 좋아하는 가수에게 지지를 보내고 스스로의 '팬심'을 표현하는 수단이 되었다. 팬클럽에서 제공해주는 굿즈 외에도 소속사에서 판매하는 각종 문구류와 생활용품 등 다양한 굿즈들을 구매하며 2세대 팬덤 문화에 아이돌 팬들의 라이프 스타일과 관련된 상품들이 본격 등장하였다. 소속사가 주도적으로 생산하고 판매하거나 또는 다른 기업과 협력하여 만든 공식적 굿즈뿐 아니라, 소비자 스스로 생산하여 판매하는 비공식 굿즈들이 거래되면서 굿즈 소비는 다양한 형태로 분화되었다.

아이돌 굿즈 관련 산업은 매출 비중이 점점 늘어나고 있으며 그 성장세 또한 만만하게 볼 상황을 넘어서고 있다. 정확하게 시장규모를 알 수 없으나, 5~6년 전만 해도 국내 5대 연예기획사의 아이돌 상품 시장 규모는 750억 수준이었으나 이제 거의 1천억 원을 웃도는 것으로 추산하고 있다.[8] 2017년도 1분기 '콘텐츠산업 동향분석 보고서'에 따르면 SM엔터테인먼트의 매출구조에서 굿즈의 경우 2016년도 전체 매출의 27.6%의 비중을 차지하고 있으며, 2016년 한 해의 굿즈 매출만 560억 원에 달하는 것으로 나타났다. 2017년도 1분기의 매출도 22.9%를 차지하여 주로 음반 다음으로 큰 비중을 차지하는 항목으로 조사되었다. 또한 방탄소년단BTS의 소속사인 빅히트의 2017년 사업보고서에 따르면 당해 전체 매출은 924억 원인데, 그 중 절반에 해당하는 463억 원이 음반과 굿즈의 상품 매출이었다.[9]

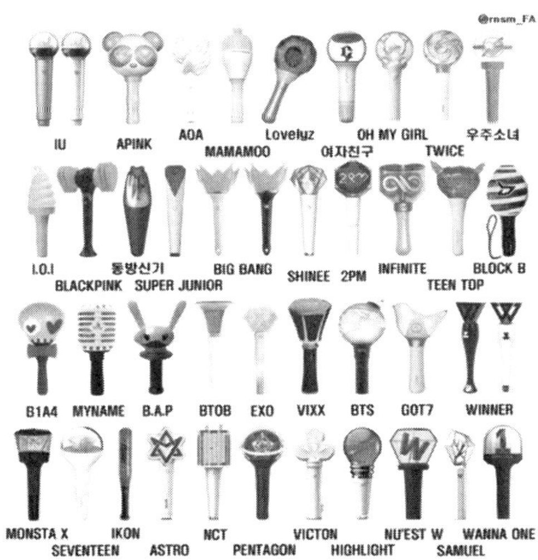

〈그림 1-3〉 아이돌 굿즈 응원봉 디자인 (출처: 트위터)

아이돌 굿즈는 크게 생산자를 기준으로 공식 굿즈와 비공식 굿즈 두 가지 형태로 나눌 수 있다. 공식 굿즈는 아이돌이 소속된 소속사의 주도로 제작되어 오프라인, 온라인상의 소속사 공식 판매점이나 소속사와 협력한 유통업체에서 판매하는 굿즈를 일컫는다. 이러한 공식 굿즈에는 통상적으로 아이돌 콘서트에서 쓰이는 아이돌 응원봉이나 슬로건 등이 있으며, 또한 특정 기념일할로윈, 크리스마스 등을 모티브로 하여 아이돌의 이미지를 연결하여 만든 각종 문구류, 가방과 셔츠와 같은 의류, 열쇠고리나 카드 지갑과 같은 한정 판매용 생활용품도 있다. 대부분 아이돌의 소속사 측에서 아이돌의 이미지를 토대로 제작하여 사업을 이끌기도 하지만 캐릭터 전문 업체에서 캐릭터 상품을 만들기도 한다. 방탄소년단BTS과 캐릭터 사업체인 '라인프렌즈'가 협업하여 탄생한 아이돌 그룹 방탄소년단을 소재로 한 캐릭터인 BT21이 그 같은 예이다. 이 캐릭터는 머그컵, 인형, 열쇠고리 등과 같은 상품으로 재가공되어 국내외의 라인프렌즈 오프라인 매장과 소속사인 빅히트샵의 공식 온라인 쇼핑몰 등에서 판매되고 있다.

비공식 굿즈는 위의 공식 굿즈의 생산자 외의 모든 사람들이 제작한 굿즈를 일컫는다. 비공식 굿즈는 공식 굿즈의 한정된 틀에서 벗어나 아이돌 팬들이 좋아하는 아이돌 스타의 이미지를 직접 재가공하여 제작 및 판매하는 '팬 제작 상품'이다. 과거의 비공식 굿즈는 책갈피나 공책 등의 일부 문구류, 그리고 문구점과 팬클럽 사이트 내의 한정된 판매 경로에서만 유통되었다. 그러나 현재는 인형, 우산, 머그컵, 달력, DVD, 포토북 등 상품의 형태도 매우 다양해졌고, SNS, 개인 주문 제작커미션, 굿즈 제작 사이트를 통한 소량 맞춤 제작 등 그 판매 형태도 다양해졌다. 이처럼 굿즈 시장이 전문화되면서 공식 굿즈와 비공식 굿즈의 경계도 허물어지고 있다.

팬덤문화 내에서는 비공식 굿즈를 제작하는 팬들을 '홈마' 라는 용어로 지칭한다. 홈마는 원래 홈마스터의 준말로 연예인의 사진이나 동영상을 촬영하여 홈페이지에 올리는 사람에서 시작했다. 이들은 자신이 촬영한 아이돌의 희소성 있는 사진을 재가공하여 앞서 언급한 굿즈의 형태로 만들어 판매하고, 그 생산물의 질이 높거나 희소성이 있는 경우에는 사진전 등의 행사를 개최하여 '홈마' 자신의 생산물을 팬들에게 판매하기도 한다. 해외에도 아이돌 팬들이 늘면서 팬덤 활동의 영역은 국가적 경계를 넘어 확장되었다. 팬덤 활동의 일부인 굿즈 시장 또한 자연스럽게 세계로 넓혀지고 있다. 비공식 굿즈의 거래 시장은 초국가적으로 변모하여 계좌이체로만 진행되던 거래 방식이 페이팔 결제로 발전하는 등 여러 방편으로 확장되는 추세이다. 굿즈 사업은 돈벌이가 되는 확실한 캐시카우cash cow로 부각되었다. 스타 마케팅으로 보이는 굿즈의 소비문화는 소비시대의 이미지 소비를 뛰어넘어 스타와 팬의 관계를 잇는 '관계 소비'로 새로운 소비 트렌드를 만들고 있다. 소비가 원래 객관적인 목적성과 기능을 상실한 지는 오래되었다. 기호의 조작으로 이루어지던 이미지 소비가 이제는 관계를 위한 소비가 되고 있는 것이다.

디지털 네이티브의 숏·확·행
- 스낵 컬쳐 -

▸ **폴 비릴리오, 『소멸의 미학』**

통신 속도의 가속화는 사회 속성을 변화시킨다.

디지털 네이티브Digital Natives란 개인용 컴퓨터, 스마트폰 등 휴대용 단말기와 인터넷의 대중화로 인한 디지털 혁명으로 탄생한 신인류를 뜻한다. 기성세대와 달리 어렸을 때부터 디지털 기기를 익숙하게 다루어 배우고 익히는 시간이 길지 않다. 국제전기통신연합ITU의 보고서에 따르면 2013년에 이미 한국 청소년의 99.6%가 디지털 네이티브로 밝혀졌다.[10] 디지털 네이티브는 친숙한 디지털 환경에서 짧은 시간 내에 자신만의 인터넷 문화를 즐긴다. 스낵 컬쳐는 짧은 시간에 즐기는 콘텐츠 소비 트렌드이다. 시간과 장소에 구애받지 않는 스낵처럼 출퇴근 시간이나 점심 시간의 틈에 10분에서 15분 내외로 인터넷 콘텐츠를 즐기는 새로운 문화현상이다.[11]

스낵 컬쳐는 정보통신기기의 발전으로 인해 사회나 개인의 삶에 끼치는 영향력이 더욱 커졌으며 다양한 유형으로 분화되었다. 이는 스마트기기와 인터넷 플랫폼의 발전으로 컨텐츠 제작과 유통이 과거에 비해 훨씬 간단해졌기 때문이다. 여기에 쉽고 빠른 컨텐츠 소비를 지향하는 사회 트렌드를 고스란히 담을 수 있다. 이름에서도 알 수 있듯이 스낵 컬쳐는 과자를 뜻하는 스낵과 문화를 뜻하는 컬처가 만나 만들어진 신조어임과 동시에 디지털 네이티브들의 특성을 대표하는 사회문화 현상 중 하나이다. 스낵 컬쳐는 스마트폰이라는 모바일 기술의 발전과 확대에 힘입고 있다. 2018년 1월 기준 만 18세 이상 성인의 스마트폰 보급률이 94%에 이르렀다. 스마트폰으로 문화, 지식 정보, 사회 이슈 등 다양한 콘텐츠에 대한 접근이 시 · 공간 제약 없이 가능해졌다. 높은 보급률에 더해 관련기술은 나날이 발전하여 손가락 몇 번으로도 원하는 콘텐츠의 제작까지 가능하다.

정보통신기술의 속성인 속도와 연관이 있는 스낵 컬쳐는 지속적인 기술 발전으로 방송, 패션, 음식, 공연 등 다양한 분야에서 나타난다. 문화의 소비 시간이 짧아진 것이다. 스낵 컬쳐는 자신이 원하는 것을 시간적, 경제적 부담감으로 인해 포기하고 싶지 않으면서 소소하게 즐기려는 디지털 네이티브들의 성향과 맞물려 IT 기술 기반을 토대로 퍼지고 있다. 스낵 컬쳐의 모습은 문화여가를 더 이상 특별한 시간과 장소에 구애받지 않고 일상 속에서 쉽고 편하게 즐기는 것으로 인식되는 경향이 강화되면서 급속히 팽창하고 있다. 스낵 컬쳐에는 크게 3가지 특징이 있다. 속도speed, 짧은 시간short time, 간편화simplification이다.

- 속도 - 문화의 확산이나 컨텐츠의 진행이 매우 빠르다. 소비과정을 지루하지 않게 하여 문화소비자들을 콘텐츠에 매이게 만든다.
- 짧은 시간 - 콘텐츠의 이용 시간이 아주 짧다. 대개 웹툰 한 편 감상 시간은 3분 남짓이다. 또한 페이스북이나 인스타그램과 같은 SNS에 올라오는 동영상들도 거의 5분 이내의 영상이다. 뿐만 아니라 유튜브에 업로드되는 동영상들만 보더라도 정치, 경제, 사회와 관련한 내용을 제외한 오락, 일상, 예능 등의 영상들은 대부분 10분 내외로 마무리된다.
- 간편화 - 이용절차의 단순화이다. 웹툰이나 유튜브를 보기

위해 인증 절차를 까다롭게 한다면 문화소비자들은 외면할 수 있다. SNS나 유튜브의 동영상의 비용이 비싸거나 절차가 어렵다면 이용을 꺼리게 될 것이다. 소비로 이끌기 위해선 간편화 과정이 필수이다.

문화적 특성 혹은 사회적 상황에 따라 문화소비자들의 욕구는 달라지고 그에 맞게 문화트렌드도 빠르게 변화한다. 스낵 컬쳐는 이러한 문화트렌드에 부합한다. 스낵 컬쳐의 컨텐츠 역시 다양하게 등장하고 있다. 그 첫 번째는 웹툰이다. 웹툰은 웹web과 카툰cartoon이 만나 만들어진 말로 짧은 시리즈물로 기획되어 요일 별로 연재되는 이미지 파일 형식의 만화이다. 웹툰 한 편의 감상이 3분 남짓으로 여러 편을 보더라도 전체 소비시간이 길지 않다. 2014년 닐슨코리아의 조사결과, 네이버의 웹툰 이용자들이 웹툰을 보는데 들이는 시간은 하루 21분이었다. 선호하는 장르에 따라 다양한 웹툰을 접하더라도 그리 많은 시간을 소비하지 않게 된다. 자투리 시간 활용에 적합한 웹툰은 최근 컷툰, 스마트툰, 무빙툰 등 오감을 활용하는 웹툰까지 개발되었다. 웹툰은 소비자들의 욕구와 기호를 충족시켜주고 있으며 새로운 기능들이 추가 되면서 그 인기는 지속될 것으로 보인다.

두 번째는 네이버 TV 캐스트이다. 네이버 TV 캐스트는 인기 웹툰, 웹소설을 웹드라마로 제작한 영상 컨텐츠들을 제공하며 기존의 드라마와 달리 그 주제가 광범위하고 형식에 제한이 없다. 또한 지상파에서는 시도하지 못했던 다양한 장르 및 독특한 플롯을 구성할 수 있기 때문에 늘 새로움을 추구하는 소비자들의 욕구를 충족시켜줄 수 있으며 제작자들로 하여금 새로운 시도를 할 수 있게끔 해준다. 특히 시간뿐만 아니라 이용 장소마저도 자유롭게 하는 웹드라마는 대중교통으로 이동하는 중에도 쉽게 접하게 하는 스낵 컬쳐로 자리 잡았다. 2013년 처음 웹드라마가 공개된 이후 2년이 채 안되어 30여 편의 웹드라마가 제작되었으며 2015년 웹 예능 프로그램 〈신서유기〉는 방영된 지 한 달도 되지 않아 재생 수 5,000만 건을 돌파하며 큰 화제가 되기도 했다. 네이버 TV 캐스트는 웹이라는 플랫폼을 활용하여 다양한 장르의 드라마를 소비자들에게 제공하고 제작자들에게도 예술 창작을 도와 매일 새로운 컨텐츠가 만들어지고 소비된다. 기존의 TV와 달리 드라마를 소비자의 기호에 따라 제공하기 때문에 지루하지 않는 스낵 컬쳐에 부합하고 있다.

세 번째는 카드뉴스와 '15초 뉴스'이다. 카드 뉴스는 사회, 정치, 경제, 연예 등의 뉴스 기사를 이미지 중심으로 재구성하여 카드 형식으로 제공하는 서비스이다. 눈길을 끄는 사진과 짧은 텍스트로 1분 내외의 시간만으로도 뉴스의 핵심 이슈를 파악할 수 있다. 내용이 너무 깊거나 분량이 많을 경우 금방 지루함을 느끼는 것을 피하기 위해 짜투리 시간에도 충분히 이용할 수 있도록 뉴스의 핵심만을 제공하는 것이 포인트이다. 여기에 카드의 디자인이나 글꼴, 기타 색상 등을 잘 선택하면 소비자들의 눈길을 더욱 쉽게 끌 수 있다. 이러한 카드뉴스는 신속성과 정보의 압축이 결합된 형태로 스낵 컬쳐의 특성을 잘 나타낸다고 볼 수 있다. 특히 카드 뉴스에 더해 '15초 뉴스', '2배속 날씨' 같은 경우와 틱톡, 인스타그램, 유튜브를 이용한 뉴스도 유통된다. 시간을 줄인 뉴스 제공으로 5분 예능, 10분 드라마와 더불어 인기를 얻고 있다.

마지막은 유튜브의 동영상 이용이다. 최근 1인 미디어 시장이 급격하게 성장하면서 매일 방대한 양의 영상이 유튜브에 업로드되고 있다. 온라인 동영상 제공 서비스로 유튜브 이용47.8%이 가장 높고, 그 다음이 페이스북9.9%, 네이버 TV6.1%, 넷플릭스4.0%로 나타났다.[12] 현재 판매되고 있는 모든 스마트폰에 유튜브 앱은 기본으로 탑재되어 있어 사실 그만큼 스마트폰 이용자들의 문화 접근성도 유튜브는 높다. 유튜브에는 하루에도 수십에서 수백 개의 영상이 업로드되고 있다. 이용자들에게 가장 많이 노출되는 카테고리 영상들의 평균 재생 시간은 대부분 10분을 넘기지 않고 있다. 또한 일상, 게임, 운동 등 주제마다 내용의 폭과 깊이가 다름에도 불구하고 1시간 혹은 그 이상의 시간이 걸린 녹화 영상마저도 편집을 통해 순식간 짧은 플레이 타임으로 송출한 영상이 올라오고 있다. 간편함, 즉시성, 다양성 등 스낵 컬쳐의 특성이 잘 녹아 있는 유튜브는 디지털 네이티브들의 기호에 맞는 다양한 콘텐츠를 제공하여 문화소비 욕구를 충족시켜주고 있다.

스마트폰은 짧은 시간을 활용해 자신의 취미와 관심 정보를 획득할 수 있는 모바일 콘텐츠 시대의 필수품이다. 〈2019 방송매체 이용행태 조사〉에 따르면 온라인 동영상 서비스의 경우 91.9%가 스마트폰을 이용하는 것으로 나타났다.[13] 과거 지상파나 케이블 채널을 통해서 시청하던 드라마가 웹, 모바일 드라마로 등장하고 트위터, 페이스북, 인스타그램 등 소셜 네트워크 서비스의 성장과 함께 SNS 드라마도 제작되고 있다. 스낵 컬쳐의 대표격인 웹툰은 영화, 드라마, 게임 등 다양한 미디어의 원천 콘텐츠로 활용되고 있으며, 최근에는 공공기관과 기업 등에서 브랜드 홍보와 캠페인 등에 활용되고 있다. 한국 콘텐츠 진흥원의 조사 발표에 따르면 국내 웹툰 시장은 2013년에 이미 1천500억 원을 넘어섰다.[14] 스마트폰의 보급으로 모바일 환경이 급성장하면서 우리사회에 자리한 스낵 컬쳐는 치열한 경쟁과 바쁜 일상에 쫓기는 개인의 삶 속에서 짧은 시간으로 누리는 문화트렌드가 되었다.

시간 소비의 최소화로 갖는 문화향유는 시간이 주는 부담에서 자유롭게 되었다. 2016년 선보인 '틱톡'은 숏 · 확 · 행짧아서 확실한 행복이란 슬로건으로 15초짜리 짧은 동영상 제공의 글로벌 숏 비디오 플랫폼이다. 영상의 길이가 짧아 단시간 눈길을 끄는 춤이나 노래 또는 흥미 위주의 단막 스토리로 인기를 끌고 있다. 스낵컬쳐의 바람에 힘입어 틱톡 운영사인 중국의 바이트댄스ByteDance사는 2018년 기준 기업가치 750억 달러로 평가받으며 미국의 우버를 제치고 세계기업으로 발돋움했다. 스낵 컬쳐는 시간의 제약에서 벗어난 자유를 문화적으로 짧게 탐닉하는 트렌드이다. 짧다고 해서 소홀하거나 놓치지 않는다.

시간은 인간만이 갖는 개념이다. 스낵 컬쳐는 시간에 매이지 않는 디지털 네이티브들의 문화소비이다. 시간은 추상적이고 비인격적이며, 사회적으로 조직된 것이었다. 따라서 시간은 사회적 제도이다. 사회 속에서 산출된 객관적으로 주어진 시간은 사회적 사유의 범주로서 사회마다 다를 수 있다. 그러나 기술은 사유하는 시간을 고려하지 않는다. 속도를 높여 사회적 시간을 줄인다. 스낵 컬쳐는 시간을 낭비하지 않고 절약하기 위해 등장한 것이 아니라, 기술에 편승한 사회적 시간의 단축이다. 제도로서의 사회적 시간으로부터 자유롭고자 하는 디지털 네이티브들은 새로운 문화 소비 방식인 스낵 컬쳐에 몰린다. 디지털 네이티브들은 기술의 발전으로 빠른 속도에 익숙해 있다. 시간이 길어지면 속도감이 느려져서 흥미를 잃는다. 디지털에서 소통하고 향유하는 문화의 시간은 지루하지 않아야 한다. 스낵 컬쳐는 기술의 바탕에서 시간에 민감한 디지털 네이티브들의 문화소비인 사회적 시간을 짧게 한다.

요리를 욕망하다

- 먹방 -

▸ **데버러 럽턴, 『음식과 먹기의 사회학』**

음식과 먹기는 우리의 주체성이나 자아의식 그리고 우리의 육체화 경험, 또는 우리가 우리의 몸속에서 그리고 몸을 통해 살아가는 방식에서 중심을 차지하고 있다.

요리를 하는 시간이 예전에 비해 많이 줄었다. 주방을 포기하고 대부분의 식사를 즉석식으로 만든 도시락이나 편의점식인 인스턴트 식품을 애용하는 사람이 늘었다. 직접 요리하는 시간은 줄어들었는데도 사람들은 텔레비전이나 소셜미디어의 요리 프로그램 보는 것을 좋아한다. 요리의 역설이다. 이를 미국의 저널리스트 마이클 폴란은 〈요리를 욕망하다〉라는 저서에서 사람들이 식사준비를 식품 산업에 대부분 넘겨주었는데도 불구하고 많은 시간을 텔레비전 스크린의 요리하는 모습에 매달려 지켜보는 아이러니를 지적하고 있다. 요리하는 시간이 짧아졌음에도 음식먹기인 먹방이나 요리하기인 쿡방을 주목하게 되는 것도 같은 맥락이다.

먹방은 '먹는 방송'의 줄임말이다. 먹방은 실시간 인터넷 방송 '아프리카TV'에서 2009년 시작되었다.[15] 해당 플랫폼에서 방송하는 BJ들이 자신들의 식사를 하는 장면을 실시간 온라인 방송을 통해 내보내는 것이 초기의 먹방이었다. 방송을 실시간 중계하면서 식사 장면을 송출하는 행위는 다소 단순하게 보일 수 있으나, 먹방의 가장 큰 매력은 시청 중인 시청자들과 현장감있게 소통을 할 수 있다는 점이다. BJ들은 남에게 보이기 어려운 먹는 장면을 드러내면서 더 가까이 다가가게 되고, 시청자들은 방송을 시청하면서 일종의 대리만족이나 음식 정보를 취하기도 한다. 이러한 먹방의 형태는 유튜브에도 비슷한 내용의 영상으로 대거 유입되었다. 유튜브라는 플랫폼은 훨씬 글로벌하다. 검색을 통해 전 세계인들이 네트워크를 이용해 시청할 수 있는 일종의 먹방 시장이 형성된 것이다. 해외에서도 먹방을 따로 번역하지 않고 소리나는 그대로 'Mukbang'이라는 단어로 음식을 섭취하는 방송을 지칭하고 있다. 한 마디로 시장의 판이 커졌다. 먹방 문화는 하나의 일정한 방송 콘텐츠를 넘어서게 되었다.

유튜브의 구독자수를 기준2019년 2월으로 1위에서 5위까지의 먹방 순위를 보면 다양한 먹방이 인기를 차지하고 있다.[16] ▶ 1위 떵개떵구독자 317만명 - 형인 '개떵'과 동생 '떵개'가 함께 운영하며, 바다포도나 식용 색종이 등 특이한 음식을 선보이는 것으로 유명하다. ▶ 2위 밴쯔 구독자 314만명 - 어마어마한 양으로 먹으면서도 깔끔하고 맛깔스럽게 먹는 것이 특징이다. ▶ 3위 도로시구독자 220만명 - 마른 체구에 캡사이신을 거의 들이붓다시피 한 매운 음식에 강한 것으로 인기가 높다 ▶4위 슈기님 구독자 190만명 - 떡볶이 먹방이 대표적 콘텐츠로 외모에 반전을 주는 성격으로 주목을 끈다. ▶ 5위 양수빈구독자 176만명 - 복스럽게 먹는 모습이 개성적이며 국내 음식뿐만 아니라 해외 음식들도 섭렵하여 해외 반응도 뜨겁다.

초기의 먹방이 평상시 식사하는 모습을 실시간 온라인 방송을 통해 공유하고 소통하는 것이었다면 먹방은 이제 보다 새롭고 자극적인 관심을 끌도록 하는 신선한 소재의 발굴이라는 방향으로 발전하였다. 그만큼 먹방의 종류가 다양해졌다. 일반 사람은 상상도 못할 양의 음식을 먹는다거나, 맛있고 게걸스럽게 먹는 것을 보여주면서 보는 사람의 군침을 돌게 하거나, 보통 사람들이 쉽게 접할 수 없는 비싼 고급음식만 먹어 보이는 등 먹방의 종류가 분화되고 있다. 여기에 본인만의 레시피를 소개하는 쿡방으로 진화하기도 하고, 음식을 씹거나 만져서 나는 소리로 청각적 만족감을 주는 ASMR자율감각 쾌락반응, Autonomous Sensory Meridian Response을 위한 방송도 나타났다. 먹방을 주요 방송 콘텐츠로 설정하여 인기를 얻은 연예인급 BJ도 등장했다. 먹방 BJ '밴쯔', '에드머', '쯔양' 등은 먹는 방송을 대중문화로 발전시킬 정도로 인기가 높으며, 케이블 방송의 고정 패널로 진출한 '입짧은햇님'도 영향력이 만만치 않다.

먹방으로 인기를 끈 유튜버나 BJ들은 말 그대로 '일반 유명인'이 되어 무언가를 먹고 마시는 과정을 즐겁게 보이도록 방송하면서 먹방을 하나의 문화로 만들었다. 대중 매체도 이에 편승하여 황금시간대에 먹는 방송을 주요 테마로 제공하고 있다. 〈생생정보통〉이나 〈VJ특공대〉와 같은 프로그램의 경우, 음식주제에 맞춰 맛집을 탐방하는 방식의 정보를 제공한다. 지역을 찾아가는 여정과 음식주제에 맞는 재료를 볼 수 있는 현장을 찾아가고 그 재료로 음식을 만드는 과정을 스토리텔링으로 구성한다. 방송 프로를 통해 먼 지방의 맛집을 탐방하는 것은 흔하게 볼 수 있는 현상이 되었다. 여기에 푸드 포르노적 환상을 심어주는 것은 먹방의 영향 때문이다. 푸드 포르노Food Porno는 음식이 조리되는 소리와 먹는 소리, 음식의 형태나 색깔, 먹는 사람의 모습까지 세밀하게 보여주면서 식욕을 자극하는 카메라 기법이다. 정보가 주된 요소인 방송을 뛰어넘어 푸드 포르노적 요소가 강조된 〈맛있는 녀석들〉Comedy TV이나 〈식신로드〉K-STAR와 같은 프로는 진행자들의 맛있게 먹는 모습이 극대화되어 구미를 돋우는 것도 같은 이유이다.

인간활동에 먹고 요리하는 것이 중요한 것이 되었다는 생각은 그리 새롭진 않다. 18세기 스코틀랜드 작가 제임스 보스웰이 "요리하는 짐승은 없다"고 한 것도 요리가 인간활동의 본질이라고 여겼기 때문이다.[17] 음식을 만들고 먹는 일에 매달리는 것이 중요하게 여겨지는 것은 먹방 문화로 부각되었다. 신기하게도 요리하는 시간이 줄었음에도 먹방에 대한 관심이 높아졌다는 사실이 의아할 뿐이다. 먹방 쿡방이라는 신조어가 생겨날 정도로 먹는 것과 요리하는 것에 관심이 높아졌음에도 한국인이 세계에서 요리를 안하는 것으로 1위라는 사실이다. 독일의 시장조사업체 GfK가 22개국을 상대로 15세 이상 남녀 2만7천명을 상대로 조사한 결과, 한국은 일주일에 요리하는 시간이 3.7시간으로 평균 6.5시간에 못미칠뿐만 아니라 요리 시간으로는 최하위로 나타났다.[18] 요리는 하지 않지만 먹는 것에 대한 관심을 크게 늘었다는 것인데, 편의점식, 간편식, 건강식에 대한 관심이 먹방 속에서 주목을 받는 이유이다. 그러나 먹방 열풍의 배경에는 푸드 포르노적 요소도 작용하지만, 1인 가구의 증가, 웰빙 문화로 인한 건강과 다이어트 음식에 대한 관심과 먹방 방송인들의 인정 욕구 등이 함께 작용한 때문이다.

특히 1인 가구의 증가로 혼밥 혼술이라는 신조어로 먹는 것에 대한 가족적 결핍이 먹는 것에 대한 자극적 관심으로 먹방을 주목할 수도 있다. 미디어사회학자인 럽턴에 따르면, 가족과의 식사 및 음식에 대해 "먹기의 사회적 차원과 감정의 사회적 차원들이 특히 하나로 묶이는 곳이 바로 가족이라는 맥락이다. 음식에 대한 믿음과 행동은 아주 어린 시절부터 발전되고 가족 단위와 긴밀하게 결합되어 있다"라고 주장하였다.[19] 먹는다는 것은 가족과 어울려 함께하고 아울러 대화를 나누는 집단적 활동의 모습이다. 이는 단순히 가족에게만 국한되는 것이 아니다. 사회학자들은 먹는다는 것 자체를 실제적 혈연관계와 무관한 회사, 학교, 동창회 또한 어느 공동체이든 중요한 활동으로 생각한다. 함께 먹는다는 것은 일종의 일체감을 갖는 형성의 장으로 내부인을 사회적으로 유사한 것으로 규정하고, 이를 재확인하기 위한 의례로 식사모임은 가족 외의 구성원을 묶어주는 것으로 보았다.[20] 요즘 혼자 먹는 행위가 다반사인 1인 가구는 먹방을 통해 욕망을 대신하는 것일 수 있다. 남들이 무언가를 먹고 마시는 과정을 지켜보는 즐거움은 혼자가 아닌 삶의 연결로 감정적 지원을 기대하게 한다.

제2장

정체성 놀이

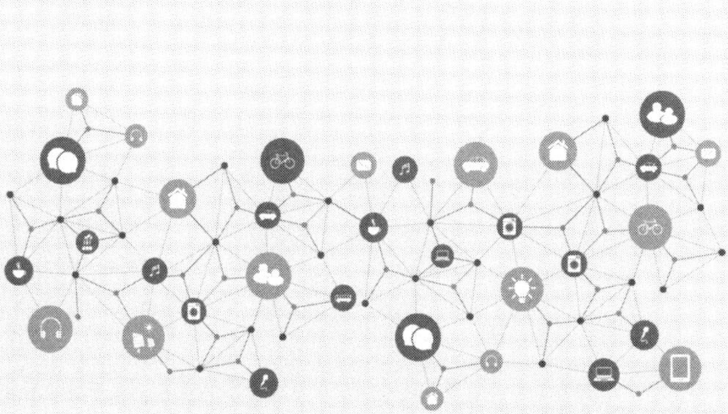

일반화된 타자의 변신
- 트위터봇 -

▸ **조지 H. 미드, 『정신 자아 사회』**
인간은 누구나 '일반화된 타자'에 의존한다.

트위터는 쉬운 계정 생성 절차와 짧은 문장을 기반으로 한 간편한 인터페이스의 소셜 미디어이다. 전 세계 언어에 맞춘 웹 사이트 구축과 스마트폰 애플리케이션의 보급으로 일상에서 익숙한 소셜 미디어가 되었다. 트럼프 미국 대통령이나 유명 가수 레이디 가가의 트위터에는 8천만 명이나 되는 엄청난 팔로워가 있다. 이들이 트위터에 올린 한 마디의 글들이 미치는 영향력은 대단하다. 트위터 세상 속에는 몇 초 이

내에 오가는 메시지가 수 천, 수 만 건이며 그 범위도 전 세계적이다. 트위터는 활발한 소통의 장이다. 이러한 트위터 공간을 이용하여 사람들은 각자의 개성을 표현하고 그 속에서 새로운 재미를 찾고 있다. 여기에 정보 습득이나 흥미 욕구로 나타난 것이 '트위터봇'twitter-bot이다.

트위터봇의 배경 공간이 되는 '트위터'는 140자 내외의 짧은 단문으로 자신의 생각이나 느낌 등을 온라인 공간에 남겨 타인과 의사소통하고, 서로의 소식을 공유하는 소셜 네트워크 사이트이다. 트위터는 컴퓨터에서만이 아니라 스마트폰 등 모바일 기기로 이용가능하고 인스턴트 메시지가 실시간 형태로 전송이 이루어진다. 여기서 주목하는 트위터봇은 트위터와 '로봇'robot의 합성어로, 로봇이 발송하는 트윗이라는 의미로 사람이 직접 트윗을 발송할 필요 없이 트윗을 예약해 두면 봇트윗 서버에서 정해진 시간에 자동으로 발송되는 서비스이다.[1] 트위터봇은 프로그램을 이용해 팔로워에게 자동으로 멘션을 올린다. 트위터봇의 이용자들은 가상의 인물이나 대상인 것처럼 가장해 운영하면서 로봇처럼 정해진 메시지를 정해진 시간에 팔로워들에게 전달한다. 트위터봇들은 다루는 분야라든지 봇의 어투, 제공하는 정보의 내용 등이 각각 다르다. 봇마다 두드러지는 개성을 가지고 있다. 트위터 이용자들은 각자 관심사에 따라 트위터봇을 '팔로잉'하여 봇이 보내는 정보를 매 시간 접하게 된다.

트위터봇의 운영자'봇주'라고도 함들은 정해진 시간에 미리 입력된 메시지를 자동으로 송출하는데, 대체로 '봇주'들은 이 같은 기능을 지원하는 '사이트'를 이용한다. 사이트에 자신의 트위터 계정으로 로그인을 하면 사이트가 트위터 계정과 직접 연동되어 계정을 관리하고 멘션트위터에 실리는 메시지을 보내는 것을 돕는다. 일정 시간 간격으로 트위터를 보내는 기능과 팔로워가 보낸 멘션에 대한 답변 기능, 사용자가 지정해 둔 시간이나 요일에 정해진 메시지를 송출하는 기능 등 사이트마다 다양한 기능이 있다. 트위터봇의 사이트를 통해 봇주들은 보다 수월하게 트위터봇을 운영하게 된다. 트위터봇은 광범위한 내용을 다루는 트위터 공간의 특성상 헤아릴 수 없을 정도로 많이 존재하고 그 종류도 엄청나다. 주제나 내용에 맞게 분류하는 것도 만만치 않다. 크게 보면 팔로워들에게 단편적인 정보를 제공하는 봇들인 '정보 제공 트위터봇'과 실존 인물이나 가상 인물을 흉내 내어 팔로워들과 직접 의사소통을 하는 '흥미 위주 트위터봇'으로 나눌 수 있다.

정보 제공 봇에 속하는 트위터봇들은 멘션을 통하여 간단한 정보를 제공하는 활동을 하는 것이 주목적이다. 주로 매

시각을 알려주는 시보 봇이나 일기예보 봇, 각 국의 언어를 짤막하게 알려주는 언어 봇이나 좋은 글귀를 보내주는 글귀 봇, 그 외의 모든 정보전달이 목적인 봇들이 이 범주에 속한다. 팔로워들은 이러한 봇들을 통하여 자신이 원하는 정보를 실시간으로 얻게 된다. 이들 봇은 비교적 많은 팔로워들을 보유하고 있으며, 사용자들로부터 제법 유용하다는 평가를 받을수록 팔로워의 수는 많아진다. 홍미 위주 봇의 경우, 정보 제공을 위한 봇을 제외한 거의 모든 봇이 이 범주에 속한다. 말그대로 이용자의 관심과 홍미에 따라 운영되는 봇을 일컫는데, 실존 인물이건 가상 인물이건 인물에 관련된 봇이나 패러디 봇, 무생물 봇, 유머 봇을 비롯한 기타 봇들이 포함된다. 홍미 위주 트위터봇들은 자동으로 멘션을 보내는 것도 있지만 '봇주'가 직접 멘션을 보내는 경우도 있다.

연예인을 흉내내거나 모방하는 트위터봇도 있다. 홍미 위주의 트위터봇으로 실존인물과 관련된 트위터봇이다. 특정 연예인을 모방하여 바쁜 진짜 연예인을 대신하여 '팬 서비스'를 대신하며, 이들 트위터봇은 놀랍게도 진짜 연예인이 아님에도 불구하고 적게는 몇 백 명에서 많게는 몇 천 명의 팔로워를 보유하기도 한다. 연예인과 관련된 봇들은 팬들이 보내온 메시지에 직접 답멘션을 보내줌으로써 그들과 소통하거나 모방하는 연예인이 직접 말하는 것처럼 대역을 하기도 한다. 연예인뿐만 아니라 역사적인 실존인물을 대신하는 트위터봇도 등장하고 있다. 〈그림 2-1〉은 반 고흐의 트위터봇으로 실제로 고흐의 멘션을 팔로워들에게 전해주고 있다.

〈그림 2-1〉 반 고흐 트위터봇 (출처: 트위터)

반 고흐 뿐만이 아니라 트위터에는 원하는 인물을 누구나 봇으로 찾을 수 있다. 트위터봇을 통해 역사적 실존인물이나. 선망의 연예인, 아이돌 등 쉽게 만날 수 있다. 이들 트위터봇은 인터넷상에서 만나는 일반화된 타자들이다. 일반화된 타자는 나의 행동의 본보기로 내가 무엇을 해야 할지 무엇을 하지 말아야 할지 준거가 되는 존재이다. 트위터봇은 인터넷을 통해 일반화된 타자를 만나게 되는 상황정의definition of the situation이다. 상황정의는 사람들이 현실이라고 정의하면 결과적으로 어떤 정의들이 현실이 된다는 것으로 상호작용론에 중요한 개념이다. 현실은 정의하는 사람의 마음에 달린 것이다. 이는 실제 상황보다 더 중요할 수도 있다. 트위터봇이 내가 원하는 정보나 흥미 거리가 된다면 팔로워를 통해 관계맺음의 상대가 된다. 사람이든 사물이든 관계맺음을 통해 무언가 영향을 주고받는 과정에 있는 트위터봇은 일반화된 타자이다. 우리는 일반화된 타자와 관계 맺는 대상적 존재일 수 있다. 하지만 트위터봇은 나를 변화시키는 것이 아니다. 오히려 내가 트위터봇을 변신시키고 선택한다.

사용자들이 트위터봇을 만들고, '봇 놀이'에 적극적으로 참여하는 이유는 하나의 역할 놀이이다. 역할놀이를 통한 상호작용은 새로운 경험, 혹은 새로운 정체성 확인이라는 욕구를 충족시킨다. 봇을 운영하는 주인은 현실의 자아와는 다른 자아를 트위터봇이라는 가면을 쓴 채 현실에서의 불만족을 역할놀이로 해소할 수 있다. 역할놀이 속에서 인간은 현실 속에서 이루지 못한 다른 정체성으로 그 모습을 보이기도 한다. 쿨리가 말한 '거울 속에 비춰진 자아'가 아니라 트위터봇으로 변신한 자아가 될 수 있다. 반대로 트위터봇의 팔로워들은 정보위주이든 흥미위주이든 선망하는 트위터봇을 찾아 선택한다. 실제 존재하지 않는 인물이더라도, 사물이나 정보라고 하더라도 트워터봇을 팔로우하는 것은 나와 관계 맺는 상대로서 일반화된 타자의 자리를 대신할 수 있다. 그러나 트위터봇은 나를 조종하지는 않는다. 내가 선택하고 내가 변신시킨다는 점에서 미드가 말한 일반화된 타자와는 다르다.

나의 가치를 재미로 창조하다
- 인증샷 -

▸ **요한 호이징가, 『호모 루덴스』**
인간의 본질은 '놀이'이다.

'인증샷'이란 온라인으로 확인할 수 없는 현실세계에서 벌어지는 일이나 상황, 자신의 행동 등을 다른 이들로 부터 인증받기 위해 온라인 상에 게시하는 게시물사진 또는 게시하는 행위를 말한다. 이는 인터넷 상에 게시되는 게시물들이 인터넷의 익명성으로 인해 신뢰받기 힘들기 때문에 자기 주장과 행위를 증명하려고 사진이나 동영상 등을 공개해 만인의 인증을 받는다는 데서 생긴 신조어이다. 디지털 카메라와 휴대폰 카메라의 범람으로 누구나 쉽게 인터넷에 사진을 올릴 수 있게 되면서 자신이 한 말을 증명하기 위한 실천 행위로 직접 찍거나 화면을 '캡쳐'capture 해서 올린다.[2]

인증샷은 다양한 특성의 공간에서 다양한 의도로 이용된다. 신뢰가 가장 부족한 익명의 커뮤니티부터 오랜 기간 닉네임을 통해 자기 정체성을 확보한 커뮤니티까지, 그리고 최근 가장 이슈가 되는 트위터twitter, 페이스북facebook과 같은 소셜 네트워크 서비스를 통해서도 인증샷을 올리는 경우가 많아졌다. 특히 인증을 전문으로 하는 소셜 미디어인 인스타그램의 등장은 사진 촬영 후 자체 필터로 이미지를 편집하여 그 재미를 배가하고, 다른 SNS와도 공유할 수 있어 큰 인기를 끌고 있다. 인스타그램은 2018년 기준 스마트폰 앱 점유율이 12%이며, 이용자 조사로는 10명 중 7명은 인스타를 쓰는 것으로 나타났다.[3] 인증샷은 개인의 신뢰성 확보로만 이용되는 것이 아니라 다른 이들에게 좀 더 강력한 메시지를 남기기 위해 이용되기도 한다. 강력한 메시지는 자신의 가치를 새로운 차원에서 보여주는 것이다. 동시에 재미도 한몫하고 있다. 인증샷 문화의 사회적 메카니즘은 두 가지이다.

- 신뢰성 높이기 – 약한 유대감의 익명성 속에서 사회적 신뢰 수준의 확보

- 재미있게 즐기기 – 자기 과시적 표출로 나르시시즘적 재미의 추구

인터넷은 익명의 관계를 전제로 불특정 다수와의 사회적 관계를 예상하게 되는 공론장의 개념에 우선한다. 일반적으로 사회적 관계는 두 가지인데 약한 유대감의 작용이 일어나는 커뮤니케이션형과 인맥형성에 기반을 둔 관계형이 있다. 커뮤니케이션형은 정보교류나 대화와 소통 위주의 메시지를 중심으로 연결되고, 관계형은 강한 유대감을 기반으로 오프라인의 사회적 관계를 바탕으로 한다. 인증샷은 커뮤니케이션형으로 익명적 관계 속에서 자신을 신뢰감 있게 보여주기 위해 사진으로 증명하는 실천 행위이다. '네이트판'Nate Pann, '디시인사이드'DC inside, 또는 대형 카페에 올리는 인증샷은 사진이나 동영상을 통해 무언가를 의도하는 목적이 있다. 자신의 상황이나 처지를 드러내며 과시적 표현을 내세우기도 하고, 특정 내용을 선언하고 그것이 이루어지면 자신의 공약을 지켰다는 증명으로 신뢰성을 높이려는 수단으로 이용되기도 한다. 사진을 통한 상호작용으로 자신의 신뢰수준을 보여주는 것이다. 인증샷의 의도와 함께 분명 그 속에는 놀이적 요소도 담겨져 있다.

놀이를 통해 사람들은 재미라는 심리 에너지를 획득하며 이러한 에너지를 통해 유희충동의 욕구가 충족되게 된다. 각자가 재미에너지를 획득하는 방식은 모두 다르기 때문에 재미라는 것은 다양한 형태로 나타난다. 인증샷 역시 디지털을 통한 놀이 중의 하나이다. 페이스북을 사용하는 목적에 대해 조사한 연구에서 정체성 형성 및 표현과 관련된 '개인적 표출'personal expression이 중요한 것으로 나타났다.[4] 디지털 환경 속에서 자기 과시적 재미를 이미 디지털 속에서 즐기고 있는 것이다. 인증샷은 하나의 '디지털 펀'digital fun이다. 인증샷 참여로 상호작용의 수준을 높여 신뢰를 회복하기도 하지만, 자신의 유희충동을 만족시키는 놀이이다.

역사가이며 철학자인 요한 호이징가는 그의 저서 〈호모 루덴스〉에서 '놀이'가 인간의 본질이라고 주장하며 자유와 창조성은 놀이에서 나온다고 했다.[5] 놀이가 한 단계 높으면 문화와 예술이 된다. 인증샷은 디지털 펀으로 하나의 문화가 되었다. 인증샷은 디지털 기술인 테크놀로지technology에 재미의 펀fun을 더한 '퍼놀리지'funology가 된 셈이다. 퍼놀리지는 10여 년 전 기업경영과 마케팅 부분에서 쓰였던 용어이다. 소비자의 입맛을 앞질러 대박상품으로 살아남으려면 남들과 달라야 한다는 기치에서 재미에 주목했다. 퍼놀로지는 재미와 기능을 갖춘 제품들, 또는 기능이 재미를 뒷받침하는 제품들을 가리키면서 출시가 이어졌다. 손이 작은 여성들과 아이들을 고려해 일반적인 마우스의 3분의 2 크기로 제작된 무당벌레 날개 모양의 마우스나 이어폰에 달린 졸음 방지 센서가 눈감고 있는 시간을 체크해 졸음으로 판단되면 자동으로 신호음을 울려주는 졸음 방지 이어폰 등은 재미를 더한 제품이었다. 재미가 가치를 창조하는 기업정신처럼 재미는 사람의 가치를 다르게 만드는 시대가 되었다.

인증샷은 재미를 위한 놀이면서 동시에 사람들에게 신뢰를 얻는 방식이다. 사람들은 바깥에서의 활동으로 재미를 얻기도 하지만 집에서 혼자만의 시간으로도 재미를 얻는다. 놀이는 무언가를 얻기 위해 하는 것이 아니라 자신의 만족을 위한 자발적 행위이다. 놀이를 통해 재미의 활력을 얻는다. 그렇다고 쾌락도 아니고 현실도피도 아니다. 자존감을 높이는 놀이가 인증샷이다. 남들로부터 신뢰받는 인증샷이야 말로 명예를 위한 놀이다. 다양한 형태의 놀이가 사람마다 다르지만 디지털 시대는 재미라는 활력을 위해 디지털 기술을 이용한다.

디지털 놀이에 사진과 UCC를 활용한 재미에 사람들이 모이게 된 것은 다양한 인터넷 기술과 SNS의 발달이었다. 디지털카메라가 대중화 되고 현대인들의 필수품인 스마트폰의 대부분이 카메라기능을 탑재하고 있음으로써 디카와 폰카를 활용한 다양한 사진촬영 모습은 너무도 자연스러운 장면이 되었다. 무한에 가까운 저장 용량과 고화질을 자랑하는 카메라의 성능, 그리고 빠른 업로드와 다운로드, 간편한 편집과 재현이 가능한 인터넷 환경, 그리고 SNS와 블로그 등의 1인 미디어의 활성화는 새로운 놀이문화의 환경으로 손색이 없다. '디시인사이드'나 '웃긴대학', '풀빵닷컴', '네이버붐업' 등의 특화된 개인 컨텐츠 업로드의 장은 놀이를 위한 좋은 터전이다. 이러한 변화들은 보상을 바라는 노동과 다른 자기 만족을 위한 놀이로서의 인간을 돋보이게 한다. 놀이의 즐거움 속에서 자신의 가치를 찾게 된다. 이러한 놀이문화에서 나의 가치를 적극적으로 재미있게 창조하는 데 인증샷만 한 것이 없다.

사회결속력을 이끌지 못하는 미디어
- 인터넷 1인 방송 -

▶ **다니엘 다얀, 엘리후 캐츠, 「미디어 이벤트」**

「우리는 하나We Are the World」는 미디어 이벤트에 가장 잘 맞는 주제이다.

교황의 즉위식을 성베드로 광장에서 생중계하는 것이나, 한국 대통령의 취임식을 국회의사당 앞마당에서 생중계하는 것은 미디어 이벤트이다. 그러나 인터넷의 1인 방송은 방송이지만 미디어 이벤트에 대한 '전통적 기대'와는 거리가 있다. 일상을 보여주고 이벤트를 만들지만 미디어 의식이 없다. 미디어 의식은 미디어와 관련된 범주 혹은 경계를 기반으로 형식화된 행위이다. 마치 종교의식처럼 미디어도 필요한 의식의 매개들이 있다. 방송은 이야기 구조와 시청 양식을 통해 매일의 일상 속에서 우리를 보다 넓은 세상과 연결시켜준다. 방송은 사회의 구성원들을 통합하게 하고, 사회를 총체적으로 경험하게 한다. 방송을 통해 일상적인 방식의 연대감보다 더 명백한 연대감을 강조하는 것이 미디어 이벤트이다. 미디어 이벤트를 위한 미디어 의식에는 인물이나 사물, 공간이나 세상, 라이브나 리얼리티와 같은 매개들이 동원된다.[6] 인터넷 1인 방송은 미디어 의식을 위한 매개들이 생략되는 경우가 대부분이다.

이제는 혼자서 방송프로그램을 제작해서 인터넷으로 보낼 수 있는 플랫폼이 만들어졌다. 1인 방송을 손쉽게 할 수 있는 시대가 열렸다. 인터넷 1인 방송은 미디어 의식을 위한 형식화된 공간이 필요하지 않다. 미디어의 경계가 허물어졌다. 전통적인 미디어와 달리, 미디어 주변에 구조화된 경계와 시선을 의식하지 않는다. 온라인에 접속해 스마트 기기를 활용하는 개인들은 누구나 송신자이자 수신자의 역할을 수행할 수 있다. 개인이 미디어 채널의 주도자가 된다. 2008년 아프리카TV가 개국되면서 본격적인 1인 방송이 시작되었다. 트위터, 페이스북 등의 소셜 네트워크 서비스를 포함하여 유튜브, 다음팟TV에서도 1인 방송 서비스가 가능한 플랫폼들이 생겼다. 다양한 콘텐츠를 내세운 1인 방송은 큰 인기를 끌고 있다.

1인 방송은 기존 방송과 달리 양방향성과 상호작용성이 뛰어나다. 정보의 공유와 확산 속도가 빨라 파급력이 큰 1인 방송들이 등장하고 있다. 1인 방송은 그들만의 문화를 생산하고 공유하면서 방송의 영역도 폭넓어지면서 증권방송, 음악방송, 게임방송, 먹는 방송, 요리방송, 기업방송, 뉴스해설 방송, 정치방송 등 여러 분야에 걸쳐있다. 이용자들의 미디어 소비 욕구를 채워주기에 충분하다. 1인 방송이 미치는 문화적 파급력은 점점 커지고 있다. 아프리카TV의 방송을 이끄는 BJ는 인기나 영향력이 높은 경우 공중파 방송으로 진출하기도 한다. 반대로 인기 연예인들이 BJ로 나서서 활동하는 경우도 있다. 인터넷 1인 방송은 활발한 방송의 한 축으로 자리 잡고 있다. 아프리카TV에서 방송을 이끄는 주체와 동력은 두 가지이다. 아프리카 BJ(Broadcasting Jockey)와 별풍선이다.

아프리카 BJ는 아프리카TV에서 방장을 일컫는 말로 인터넷방송에서 방송을 주도하는 사람이다. BJ라 불리는 방송 진행자가 동영상을 송출하면, 시청자는 전용 프로그램이나 사이트를 이용해 송출중인 채널의 목록 중에서 보고 싶은 채널을 선택해 접속하게 된다. 한 채널에는 BJ의 채널 설정에 최소 50명에서 최대 500명까지 동시 접속할 수 있다. 아프리카

TV 내에서 선출된 베스트 BJ, 파트너 BJ 등의 경우는 최대 4000명까지 동시에 본방에 연결된다. 아프리카TV에서는 베스트 BJ, 파트너 BJ, 창업 BJ 등 다양한 분야의 BJ들을 선정하여 활동하게 한다.

별풍선은 아프리카TV에서 시청자가 BJ를 후원할 수 있는 아이템이다. 별풍선은 개당 100원의 가치를 지니고 있고 베스트 BJ인 경우 별풍선 하나당 약 70원, 일반 BJ들은 약 60원 정도의 수입을 가져가게 된다. 아프리카 방송에서는 방송에 대한 별다른 제제가 없기 때문에 별풍선을 많이 받기 위한 BJ들의 무리한 방송내용이 문제가 되기도 한다. 그럼에도 불구하고 아프리카TV는 BJ와 별풍선 제도로 성공적인 인터넷 방송 매체로 성장하였다. 아프리카TV를 모티브로 하여 MBC에선 '마이 리틀 텔레비전' 프로그램이 편성되었고, 아프리카TV처럼 먹방, 뷰티 방송, 운동 방송 등 다양한 콘텐츠 별로 방송이 제작되어 별풍선 대신 시청률 높이기에 경쟁하고 있다.

이 같은 1인 방송의 파급력과 영향력에도 불구하고 선정적인 방송, 특히 BJ들의 단순 노출방송이 점차 문제가 되고 있다. 별풍선이 경제적 수입인 BJ들이 별풍선을 많이 받기 위해 자극적이고 선정적인 방송을 순간 보내게 된다. 일부 BJ들은 자신의 고유한 콘텐츠도 없이 단순히 신체적인 노출이나 선정적인 행위로 방송을 이어나가고 있어 문제를 일으킨 경우가 있다. 방송 중에 머리를 밀어버리는 등 불필요한 리액션으로 주목을 끌어 순간적인 별풍선 모으기를 시도하여 눈살을 찌푸리는 경우도 있다. 또한 스포츠 방송이 불법 온라인 도박 사이트로 둔갑하거나, 방송 중 불법 도박사이트를 홍보하면서 배팅 금액의 몇 %를 주겠다는 유인 방송으로 변질되어 문제로 대두된 적 있다.

방송에서 토크쇼를 진행한다면, 사회자가 있고, 패널이 있고, 방청객이 있다. 이들은 자신의 행위에 맞게 미디어 속에서 이해 가능한 범주를 중심으로 방송이 유도하는 방향에 따라 행동해야 한다. 방송 중 소리를 지르는 행위, 박수를 유도하는 행위, 연예인을 보고 설레는 행위들은 모두 미디어 의식에서 나온다. 1인 방송은 특성상 방송의 콘텐츠나 방송의 흐름이 텍스트로 기록된 대로 운영되는 것이 아니다. 따라서 시각적으로 자극적인 즉흥 요소에 의해 내용이 한순간 치우칠 수 있다. 미디어 이벤트는 있지만 정리된 미디어 의식이 없다. 미디어 의식은 의식화된 행위를 위한 장소의 한정에서 시작한다. 물론 미디어 과정은 하나의 공간에 한정하기엔 광범위하게 분산되어 있다. 그렇더라도 미디어는 공간을 한정할 수 있어야 한다. 미디어는 사람들을 한 곳으로 모으는 진입로여야 한다. 미디어 밖과 미디어 안의 경계가 없다면 미디어 의식은 불가능하다.

1인 방송은 경계가 없다. 장소가 정해져 있지 않다. 역할도 분산되어 있다. 미디어 의식으로 발전할 수 없다. 1인 방송은 수많은 미디어 이벤트를 만들어낸다. 그러나 1인 방송은 미디어 의식이 없는 미디어 이벤트이다. 1인 방송은 인물과 사물, 공간과 세상, 라이브와 리얼리티와 같은 매개가 세밀하게 짜여 있지 않다. 1인 방송은 미디어 의식이 없는 즉각적인 소통에만 매달린다. 역할에 대한 몰입보다 상대의 반응에 좌우된다. 그야말로 이벤트로 끝난다. 미디어 의식 없는 미디어 이벤트이다. 미디어 의식은 의식공간이 필요하며 설정된 범주를 구성해야 한다. 그렇게 함으로써 질서를 만들고 사회결속력이 생긴다. 교황의 즉위식, 대통령의 취임식을 미디어로 중계되는 것은 미디어 이벤트이지만 동시에 미디어 의식이다. 미디어 이벤트가 매개화가 되어 미디어 의식으로 발전하고 사회결속력을 가진다. 미디어 의식 없이 이벤트만 난무하는 1인 방송은 사회결속력을 이끌지 못한다. 그야말로 질서 없는 개인 방송이 될 가능성이 크다.

자기 만족을 위한 연기의 무대
- 인스타그램 -

▶ **어빙 고프만, 『자아 연출의 사회학』**

일상이라는 무대에서 우리는 관객이 원하는 바에 따라 행동한다. 그것이 '인상관리'이다.

2010년 스마트폰 어플리케이션 장터에 눈에 띄는 사진 공유 앱이 등장했다. 케빈 시스트롬Kevin Systrom과 마이크 크리그Mike Krieger가 개발한 인스타그램이었다. 인스타그램은 사진이나 동영상을 공유하는 소셜 네트워킹 서비스이다. 인스타그램Instagram은 즉각적이라는 '인스턴트'Instant와 전보라는 '텔레그람'Telegram의 합성어로, 즉석카메라와 같은 사진을 연출하여 빠른 전보를 보내 듯 소통한다는 것을 뜻한다. 이용자들은 인스타그램을 통해 사진을 찍음과 동시에 다양한 디지털 필터효과를 적용하여 올리거나, 페이스북Facebook이나 트위터Tweeter와 같은 다른 소셜 네트워킹 서비스에도 사진을 공유 할 수 있다. 가장 큰 특징은 폴라로이드 사진을 연상케 하는 정사각형 모양의 사진 크기이며 이는 보통 모바일 기기에서 사용하는 16:9 비율과는 다르다, 이미지가 업로드되면 리사이징된다.[7]

개발자 시스트롬의 의도는 사진을 올리는 시간을 최대한 단축하고, 누구나 쉽게 조작할 수 있도록 하는 것이었다. 인스타그램의 화면은 아주 단순하게 구성되어 광고나 추가적인 창도 보이지 않는다. 이용 방법 또한 단순해서 누구나 쉽게 이용할 수 있다. 인스타그램은 모바일 중심의 앱으로 업로드의 단순화를 우선으로 하면서 즉각적 만족instant gratification을 이끌도록 디자인되었다. 인스타그램의 철학은 단순함과 신속성이다. 여기에 인스타그램은 더 멋진 사진을 올리고 싶어하는 이용자들의 기대에 부응코자 필터filter 기능을 통해 컨텐츠들을 멋지게 연출하는 화면상의 심미성을 더한다. 인스타그램의 핵심 가치는 단순성simplicity, 신속성speed, 심미성beauty이다.

이러한 것은 사람들의 기호와 맞아떨어지면서 2년 만에 3억 명 넘게 다운받아 이용하게 되었고, 2016년에 이용자가 5

억 명에 도달하면서 급성장 하였다. 블룸버그가 평가한 기업가치는 2018년 6월 기준 1천억 달러였다. 2012년 10억 달러에 페이스북에 인수된 후 가치가 6년 만에 무려 100배나 뛰었다. 또한 급성장의 결정적인 배경은 셀럽유명인의 힘 때문이었다. 영화배우, 가수, 아이돌 등 연예인들이 너도나도 셀프카메라로 일상, 풍경, 음식, 애완동물의 사진을 올리면서 빠른 속도로 알려지게 되었다. 유명인뿐만 아니라 일반 청소년들도 자신들의 놀이문화로 셀럽처럼 '무엇을 먹고', '무엇을 입고' '무엇을 하는지'를 따라하면서 인스타그램에 콘텐츠를 올리기 시작했다. 특히 인스타그램은 셀카를 찍은 사진에 색감과 초점을 보정해주는 기능이 있어 자신을 보다 예쁘게 잘생긴 스타처럼 꾸미는 관리가 가능하다.

인스타그램은 일상에서 일어나는 자기표현 행위와 인상관리로 쓰기에 알맞은 소셜 미디어이다. 사회학자 고프만은 일상생활을 살아가면서 주어진 상황에서 자신을 드러내고 인상관리를 하는 것은 마치 무대에서 공연하는 연기performing와 같다고 했다. 사람들은 늘 상황에 맞게 자신을 표현하고 주변에 둘러싸인 관객 앞에서 인상을 관리하여 노출시킨다. 이 과정에서 수행하는 인상관리는 목적의식이 있는 의도적 행위이다.[8] 인스타그램을 통해 자기표현을 하는 것은 그대로의 재현이기보다 연기자actor가 의도적으로 연출한 모습일 가능성이 크다. 더구나 인스타그램 자체가 필터기능이 있어 이용자는 손쉽게 의도한 목적을 이룰 수 있어서 만족감이 높을 수 있다.

즉각적 만족을 이루는 연기의 무대가 되는 인스타그램은 고프만이 주장하는 연극무대와 다른 점이 있다. 인상관리의 주도권이다. 연기자의 인상관리는 관객들이 정해준다. 연기자들은 특정 인상을 유지하는데 자신의 기법을 동원하지만 결국 관객들이 자신을 정의해주기를 바란다. 그렇게 함으로써 관객들도 자발적으로 행동하고 연기자들도 그에 맞게 연기를 한다. 관객과 연기자들의 상호작용을 통해 연기자들행위자들은 남들로부터 수용할 수 있는 자아를 드러낸다. 이것이 고프만이 말하는 인상관리이다. 그러나 인스타그램의 경우 인스타그램을 방문하는 관객은 중요치 않다. 자신의 무대에서 보여지는 관객이란 한정된 관계에 있는 사람이 아니다. 누가 볼지 알 수 없는 관객을 대상으로 사진을 올린다. 또한 관객은 자신의 행위에 절대 방해될 수 없음을 알고 있다. 주어진 무대에 올라선 연기자인 인스타그램의 게시자들은 주어진 상황에서 어떤 역할을 수행할 지 관객들에게 미리 보여주지 않는다. 관객들이 예측할 수 없다는 것은 연기자의 입장에선 그 자체가 주관적이며 자유롭다. 그래서 인스타그램이라는 무대에서 펼치는 연기는 늘 성공적이다.

인스타그램에 사진을 올리는 이용자들이 성공한 연기자가 되는데 결정적인 것은 해시태그Hashtag이다. 해시태그는 '#' 기호 뒤에 특정 단어를 써서 인스타그램 상에 특정 키워드로 편리하게 검색을 도와주는 기능이다. 인스타그램은 사용자가 공유하고 싶은 이미지를 스마트 디바이스를 통해 촬영하거나, 기존에 촬영한 이미지를 업로드할 때 간단한 해시태그를 덧붙여 글을 게시함으로써 자신의 감정을 표현하고 다른 사람들과 교류할 수 있게 만든다. 해시태그는 상호 교류할 수 있는 연결 키워드가 되면서 새로운 재미를 준다. 해시태그는 게시물을 올리면서 그 주제에 원하는 단어를 입력하고 앞에 샵#을 붙이면 해당 단어가 검색어로 활성화되어 이용자들이 인스타그램 내의 검색기능을 이용할 때 내 컨텐츠가 검색결과에 노출될 수 있도록 하는 것이다.

이를 통해 공통의 관심사에 대한 탐구를 보다 쉽게 할 수 있으며, 관객의 위치에 있는 이용자들이 끊임없이 검색하고, 좋아하고, 댓글을 달며 상호작용하는 시간을 길게 한다. 이러한 검색의 유용성은 타인의 사생활에 대한 관심과 그것을 엿보고자 하는 관객들, 즉 인터넷 이용자들의 욕망을 채워주기에 적합하다. 해시태그를 통해 검색된 결과들은 다른 검색엔진이나 SNS들에서는 확인할 수 없고 오직 인스타그램에서만 볼 수 있다. 이용자들은 연기자인 게시자들이 직접 실시간으로 올리는 정보들을 사진과 동영상으로 생생하게 볼 수 있다. 수많은 연기를 인스타그램으로 볼 수 있는 관객들, 즉 이용자들은 타임라인을 통해 무대 연기자들의 사진이나 동영상이 올라오자 마자 연속적으로 들여다본다. 연기자의 입장에서 연기의 주제를 해시태그로 알려주면 관객은 연가자에 대한 기대를 해시태그에 맞추게 되어 연기자는 관객을 의식할 필요가 없다. 관객을 의식하지 않는 연기는 자기만족만을 위한 연기로 늘 성공적이다.

타임라인은 연극무대의 연기자인 게시자들과 관객인 이용자들을 시간 순서대로 연결짓는다. 게시자들의 사진과 동영상이 최근 업데이트 될 때마다 찾아볼 수 있게 되면 관객들은 나름의 상황정의를 할 수 있다. 고프만의 전면무대처럼 연극적 연출을 펼칠 수 있는 인스타그램은 연기자들의 무대이다. 연기에 대한 기대는 이용자들에게 제공하는 해시태그 서비스가 고작이다. 어떤 역할을 할 지 관객에서 예측하도록 하는 것을 고프만은 연기자의 매너라고 했다. 인스타그램은 게시자들이 관객을 위해 해시태그 말고는 특정한 매너를 갖출 필요가 없다. 인스타그램은 자기만의 연기를 펼칠 수 있는 무대이다. 그래서 자유롭고 편하다. 인스타그램에서 펼치는 연기는 자연스럽게 만족도가 높을 수밖에 없다.

특화된 감정 표현을 한 컷으로
- 짤방 -

▸ **액스트 대니얼, 『자기 절제 사회』**

우리 모두는 상충되는 욕망을 지니고 있기 때문에 자제력을 발휘하기는 언제나 어려운 문제다.

짤방은 '짤림 방지'의 줄임말이다. 게시판에 글을 쓰기 위해서는 꼭 게시물의 성격에 맞는 사진이 올라와야 한다. 그렇지 않으면 삭제된다. 작성된 글이 잘리지 않기 위해 올리는 사진을 아우르는 말로 쓰이기도 한다. 짤방은 2000년 초반 인터넷 사이트 '디시인사이드'에 수많은 게시판과 함께 운영되는 갤러리들 가운데 성격에 맞지 않는 사진이 올라올 경우 삭제되면서 나온 말이다. 또 한편으로 별다른 생각 없이 적은 글들이 잘리지 않기 위해 아무데서나 주워온 인터넷상의 이미지를 첨부하면서 이를 잘림 방지용 이미지, 즉 짤방으로 부르기 시작했다. 이제 인터넷에서 이용자들은 자신의 글이 삭제되는 것을 방지하기 위해 사진 첨부하기를 즐기고 있으며, 장르별로 세분화하여 움짤, 플짤, 표정짤, 혐짤, 야짤 등으로 나누어지며 확대되고 있다. 움짤은 움직이는 짤방의 준말이며, 플짤은 어도비 플래시로 재생되는 짤방이다. 표정짤은 인물의 표정사진을 나열한 짤방이고, 혐짤과 야짤은 혐오스럽거나 야한 짤방이다.[9]

짤방과 비슷한 용어로 사용되는 것으로 인장이 있다. 인장은 글을 작성하는 게시자가 글 마지막에 첨부하는 그림이나 사진 혹은 간단한 주석 등을 의미하며, 현실에서의 '도장'으로서의 의미와 다소 차이가 있지만, 자신에게 주목을 바라는 점에서는 짤방과 다르지 않다. 짤방은 초기에 사진만을 올렸지만 인터넷 미디어의 플랫폼의 진화와 기술의 발전으로 오늘날 그림, 오디오파일, 동영상, 플래시 등 다양한 형태로 나타나고 있다. 결국 짤방의 의미는 인터넷 유저들이 글을 게시할 때 잘리는 것을 막기 위해 첨부하는 사진, 그림, 동영상 등을 포함하는 모든 것이라고 볼 수 있다.

디시인사드의 초기 짤방으로 인기를 끈 대표적인 것은 '개죽이'와 '짤방보이'였다. 인터넷 짤방이 대부분 사진이나 그림이었던 것처럼 ‘개죽이’는 사진파일이었고, ‘짤방보이’는 그림파일이었다. 그림이나 사진 형식의 짤방은 용량이 작아 저장하기가 쉽고 당시로서는 수정과 편집이 용이했다. ‘개죽이’는 짤방의 효시라고 할 정도로 디시인사이드의 마스코트였다. 합성사진으로 강아지가 대나무에 매달린 사진에서 유래했다. ‘개죽이’ 짤방은 귀여움을 내세운 인기에 힘입어 비슷한 형태의 ‘개벽이’도 등장하는가 하면 여러 형태의 패러디도 나오면서 주목을 받았다. 그림 짤방인 ‘짤방보이’는 한 소년이 주먹을 치켜올린 채 익살스런 표정을 짓고 있는 그림으로 개인의 취향에 따라 수많은 수정 편집 버전이 존재한다.

짤방은 특정 상황에서 말텍스트 대신 사진그림으로 자신의 의사를 밝히는 방법이기 때문에 예상치 못한 시각적 정보를 제공함과 더불어 수용자에게 해석의 여지를 남긴다는 점이 특징이다. 짤방은 아예 갤러리 게시판에 서비스를 본격 시작하는 사이트가 생기기 시작했다. ‘연예인짤방’, ‘와이드섬’, ‘일베저장소’, ‘이럴땐 이런짤’, 엽기혹은진실‘, ’네이버뿜‘ 등 짤방을 위한 사이트가 생기는가 하면 전문사이트 내에 짤방 게시판을 따로 두기도 하고, 블로그에 짤방을 위한 전문블로그가 등장했다. 또한 상황별 짤방 모음으로 연예인이나 정치인들의 실수나 패러디를 사진으로 올려 해학과 재치를 유도하는 사이트도 나타났다.

최근 들어 사진을 이용한 짤방만 아니라 동영상 형식의 짤방이 인기를 끌고 있다. 자신이 원하는 장면을 잘라내 쉽게 연속 재생할 수 있도록 만들거나, 스포츠 관련 영상은 사진보다 동영상 형식이 더 쉽게 수용자들에게 호소력을 지니고 있어서 플짤과 움짤의 비중이 높아지고 있다. 특히 영화의 경우, 짤방 형태로 만들어져 기억에 남는 장면을 이미지의 유사함으로 웃음을 자아내기 위해 한 컷으로 선보이기 시작했다. 패러디 형태의 영화 짤방은 영화의 스토리와 무관하며, 주인공이 갖는 상황이나 세부적인 문제에 개입하지 않고 우스꽝스러운 행동을 캐치하는 이미지 형상에만 몰두하게 만든다. 그러나 영화에서 이를 홍보마케팅으로 이용하는 경우도 있다. 잘림 방지를 위한 사진이나 동영상이 사람들의 주목을 끌고 다양하게 쓰이면서 인터넷의 주요한 문화로 자리 잡게 되었고, 수많은 짤방을 검색해주는 짤방 검색 엔진 '짤키'도 등장했다.

짤방은 접근성이 높고 전파 속도가 빠르다는 특징이 있다. 한 컷의 사진과 한 컷의 동영상으로 이루어진 짤방은 쉽게 제작될 뿐만 아니라, 파일 용량이 적어 간편하게 보관하고 전달할 수 있으며 전달 속도도 빨라 손쉬운 이용을 이끌 수 있다. 초기에 짤방은 글이 삭제되지 않기 위해 첨부하는 부가적 컨텐츠에 지나지 않았지만, 시간이 지나면서 짤방의 종류와 수가 늘어나고 다양한 유형의 짤방으로 분류되고 있다. 웃긴 짤방 모음, 연예인 짤방 모음, 정치인 짤방 모음 등의 게시물이 검색 사이트에 등재되는 사례가 많아지고 있다. 그러나 짤방의 검색에는 내용별 장르별 분류에서 '황당함', '어이없음', '비난', '감사', '감탄' 등 자신의 감정을 나타내는데 쓰이기도 한다. 마치 이모티콘이나 이모지그림문자처럼 이들의 대용으로 짤방 한 컷을 이용하게 되는 경우이다. 글을 보조하던 역할로서의 짤방이 메시지의 주요 콘텐츠로 자리 잡는 역할전도가 일어난 것이다.

짤방은 이미지나 멀티미디어 편집 프로그램이 보편화되면서 네티즌들에 의해 편집되고 재구성되어 파급 효과가 큰 패러디문화로 퍼지고 있다. 단순히 이미지만이 아니라 음악파일도 짤방의 영향을 받기도 한다. 대표적인 것이 '빠삐놈'의 경우이다. '놈놈놈'과 '빠삐코'의 합성어로 디시인사이드의 한 유저가 영화 '놈놈놈'의 OST와 빠삐코 CF로고송을 합성해 전파한 것에서 유래한다. 뒤이어 다양한 버전의 빠삐놈이 등장하면서 음악파일 형식의 짤방이 그림, 뮤직비디오, 심지어 플래시 게임으로까지 탄생했다. 짤방은 많은 사람들의 손을 거쳐 재생산 재분배를 거듭하면서 순환한다.

짧은 한 컷의 이미지나 동영상으로 표현하는 짤방은 재미나 즐거움을 주는 유머를 담은 오락성에 기초한다. 그러면서도 사회성과 시사성을 담기도 한다. 여기엔 개인의 취향이나 의견을 담아 짤방에 생명력을 불어넣는 경우도 있다. 그러나 의미 없는 컨텐츠의 무한 생산으로 논점을 흐리게 하는 경우도 있으며, 반복된 컨텐츠로 정보의 쓰레기장으로 인터넷이 될 가능성이 있다. 또한 여러 사람의 공감을 얻기 위해 유명인의 사진이나 이미지 동영상을 짤방으로 이용하면서 당사자의 의도와 무관하게 문제를 일으키는 경우도 발생한다. 최근엔 짤방에 올려진 사진을 지우려는 연예인들이나 정치인들을 대상으로 한 사업체까지 등장한 것을 보면 이용자의 감정과 달리 짤방에 실린 인물들은 본인의 사진 도용을 심각하게 받아들이는 것이다.

짤방은 원래의 의도와 다르게 발전했다. 짧은 시간 내에 메시지를 전달하는 것으로 짤방은 효과적이다. 특수한 환경에서 등장한 짤방 문화는 그 자체 역할인 잘리지 않으려는 주목과 함께 컨텐츠를 재생산하는 개인의 의사 표현의 도구로 기능한다. 기업에서는 충격적 장면을 패러디하여 주목을 끄는 짤방으로 홍보로 이용하며, 영화짤의 경우 특정 장면의 한 컷을 보여주는 움짤로 신선함을 주기도 한다. 짤방은 중요한 문화 컨텐츠로 발돋움하고 있다. 인터넷은 수많은 정보들로 사람들을 유혹한다. 유혹 과잉의 시대에 그 유혹을 즐기면서 자신의 통제력을 확보할 수 있어야 한다. 짧은 이미지 한 컷에 매달린 짤방이 주는 감정 표현은 일부 부작용도 있지만, 절제된 흥분을 드러내는 유혹의 한 장면이다. 자기 절제라는 것이 쉽지 않은 시대에 살고 있는 오늘날 짤방은 절제의 묘미 속에 눈살 찌푸리는 장면이 있지만 눈감아줄 위트가 있다.

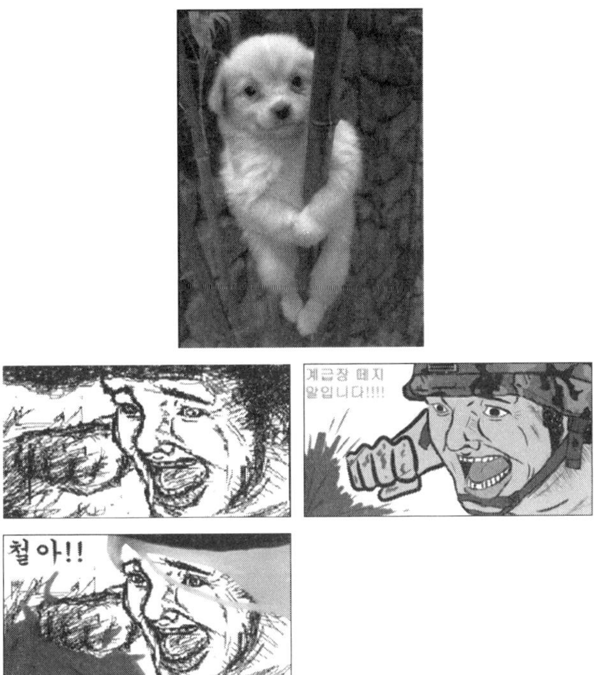

〈그림 2-2〉 짤방인 '개죽이'와 '짤방보이' (출처-인터넷 블로그)

제3장

패러디와 초현실

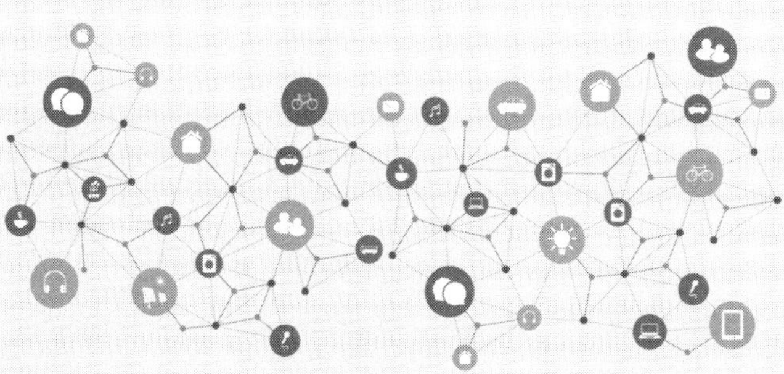

숭배와 오락이 혼재된 스타신화
- 팬덤 -

▸ **에드가 모랭, 『스타-스타를 통해본 대중문화론』**

스타신화는 신앙과 오락 사이에서 양자가 혼합되어 있는 지대에 위치한다.

'어덕행덕'어차피 덕질할 거 행복하게 덕질하자. 스타를 좋아하는 열광 팬 집단에서 쓰이는 말이다. 팬 집단은 유명인 또는 연예인과 같은 스타에 열성적으로 관심을 보이며 팬심을 중심으로 활동하는 사람들이다. 이들은 자신들의 열광적 활동에 대한 차별적 태도를 일반인들과 구분하려 한다. 일반인들을 '머글'해리포터에서 마법능력이 없는 보통 인간을 이르는 말로 팬이 아닌 일반인을 부르는 용어로 지칭하면서 스타들을 향한 태도를 '머글'과는 다르다는 것을 보이고자 한다. '머글'과 달리 자신들이 섬기는 스타들에게 열광적으로 집중하는 이들을 큰 틀로 묶어 팬덤이라 한다. 텔레비전과 같은 미디어의 출현으로 대중문화가 확산되면서 팬덤현상이 나타나긴 했지만, 팬덤문화에 가장 큰 변화를 준 것은 인터넷이다. 팬덤fandom은 특정한 인물이나 분야를 열성적으로 좋아하는 사람들 또는 그러한 문화현상을 뜻하는 말로 '광신자의' fanatic과 '나라'를 뜻하는 접미사 -dom을 합쳐서 나온 말이다.

팬덤문화는 1980년대 가수 조용필 팬클럽인 오빠부대에서 주목을 끌었다. 이전 1970년대 남진과 나훈아의 팬들이 라이벌 구도를 형성하면서 '꽃다발 부대', '박수부대', '피켓부대'와 같은 열성적 태도를 보였지만, 조직적 구조를 갖고 있지는 않았다. 팬덤의 현상이 본격 문화로 자리를 굳힌 것은 1990년대 '서태지와 아이들'의 팬클럽이다. 서태지 은퇴 후 팬클럽에 모여 만든 '서기회'서태지와 아이들 기념사업회는 회원이 1만8천 명을 확보하면서 활동을 지속적으로 펼쳤다. 아이돌 1세대라 불리는 H.O.T, 젝스키스에서 2세대라 불리는 동방신기, 2pm, 슈퍼주니어까지 팬덤현상은 아이돌 그룹과 뗄 수 없는 중요한 문화가 되었다. 동방신기의 '카시오페아'는 회원수 30만 명으로 기네스북2008년에 링크되기도 했다.

과거에 팬덤은 매니아적 특징들이 많았고 대중적이지 않

아 하위문화로 여겨졌다. 덕질의 일상화라는 말도 나오고 있을 만큼 자신이 좋아하는 것을 숨기지 않고 즐기는 팬덤은 인터넷으로 영향력과 범위가 확산되었다. 스타와 팬의 관계는 특정의 레퍼토리를 생산하는 문화현상이 된 셈이다. 인터넷 미디어의 발달은 스타를 보고 수동적으로 따라가기만 했던 팬덤 현상을 변모시켰다. 팬들은 능동적 주체자로서의 스타를 추종하면서 스타들을 더욱 신격화하고 신비하게 만드는데 열을 올렸다. 연예기획사들도 팬덤 현상으로 가수 발굴 초기부터 팬덤의 요구사항에 맞는 가수를 기획하고 데뷔시킨다. 또한 기존 가수들도 문화 소비자들인 팬들의 의견을 쉽게 무시할 수 없게 되었다. 유명 연예기획사들은 스타의 입장에서 팬클럽을 관리하는 부서를 두고, 팬클럽은 반대로 스타를 관리 한다. 스타와 팬의 관계인 팬덤현상은 다음의 관점에서 이해해야 한다.[1]

- 스타는 개인의 능력보다는 팬과의 관계에서 성장한다.
- 팬 집단은 대중문화의 적극적 주체로서 문화소비자이면서 생산자이다.
- 팬덤은 집합적 정체성의 관점에서 개인화된 문화소비가 아닌 사회적 현상이다.

스타의 존재는 상업 자본주의의 산물로 보기 어려울 정도로 문화의 중심에서 복합적인 사회 메카니즘 속에 등장하고 성장한다. 팬덤은 스타의 탄생과 성장에 적극 관여한다. BTS 방탄소년단의 팬클럽 '아미'ARMY는 실제로 BTS가 주류 매체를 통해 성장하지 못했음에도 불구하고 글로벌 팬클럽으로 지속적으로 소통하면서 BTS가 글로벌 아티스트로 성장하는데 적극 기여했다. 2014년 3월에 창단한 BTS의 팬클럽 '아미'는 소셜 미디어를 적극 이용해 자신들의 팬덤 문화를 만들었다. BTS 콘텐츠는 팬들이 직접 번역해서 세계 언어로 공유한다. 초국가적 팬덤 형성으로 팬들은 스스로 2차 콘텐츠를 만들기도 하면서 일명 '입덕 영상'누군가를 좋아해서 빠져있는을 통해 BTS에 대한 관심을 끌어 모은다.

오프라인과 달리 온라인 중심의 활동은 공간과 시간의 제약이 사라졌고 팬덤 활동 자체가 실시간으로 일어나면서 일상적인 활동이 되었다. 인터넷의 발달은 단순히 콘서트의 예매가 오프라인에서 온라인으로 바뀌는 변화에서 멈춘 것이 아니라 SNS 활동을 가능하게 하면서 더 많은 새로운 형태의 문화를 만들어냈다. 팬덤은 사회적 활동으로 기부활동을 열심히 하는가 하면, 팬덤들이 스타 관련 상품을 집단 구매하면서 소비시장의 판세도 바꾸어 놓았다. BTS의 굿즈팬 용품가 출시되면 관련 물량은 거래가 폭발적으로 늘어났다. 멤버가 있었던 옷은 순식간에 해당 브랜드의 물동량이 늘어나 산업에도 영향을 미치고 있다.

팬덤의 온라인 활동은 '공식 팬 카페'도 활발하지만, '유튜브', '브이앱', '트위터' 등 다양한 온라인 플랫폼에서 활동을 하면서 하나의 팬들로 연합체 형식으로 공동 연대를 형성하여 취향 공동체를 이룬다. BTS의 팬덤 활동을 보면 실제로 공식 카페보다는 유튜브나 트위터를 통한 활동이 더 활발하다. 특히 트위터는 매니아적인 팬덤 활동이 가장 많이 이루어지는 플랫폼이다. 스타에 대한 이슈를 화제성 있게 만들고자 할 때 트위터를 적극 이용하는 '실트총공'실시간 트위터 총공세이 일어난다. 팬덤이 행하는 집단행동 중 하나로 실시간 트위터 총공격의 줄임말로 팬들끼리 사전에 시간, 문구를 정해서 동시다발적으로 해당 문구를 올리는 활동이다.

팬덤은 사회적 현상이다. 팬덤은 소비자의 다양성, 창의성, 주체성이 보장되는 배경에서 만들어졌다. 팬덤은 대중문화 출현 때부터 시작되었다. 팬덤을 통해 스타를 가까이 두는 것은 팬 집단의 차별적 행동으로 자신의 정체성을 보이는 것이다. 팬덤의 스타일과 취향은 그들이 만들어낸 기호체계이다. 사회적 구별 짓기의 다양한 표현이다. 팬덤은 스타와 관련한 다양한 콘텐츠를 생산한다. 콘텐츠는 스타에 대한 권능을 부여하면서 팬들에게 참여를 유도한다. 팬덤 활동으로 스타와 관련된 사진과 굿즈를 수집하는 것은 하나의 상징적 자산의 힘을 보이는 것이다. 피스크J. Fiske는 이를 차별discrimination과 구별distinction, 생산성productivity과 참여participation, 자본 축적capital accumulation 등 세 가지로 설명한다.[2] 팬덤은 스타에 대한 개인적 관심을 뛰어넘어 사회적 맥락 속에서 이해해야 한다.

〈표 3-1〉 방탄소년단 소셜미디어 분석

구분	커뮤니케이션 방식	팔로워 수	내용
유튜브YOUTUBE	개방성, 무계층성,	29,000,000명	국내 연예기획사 중 1위
브이앱V LIVE	심층성, 즉시성	11,000,000명	브이앱 아티스트 중 1위
트위터TWITTER	속보성, 신속성, 개방성	22,000,000명	한국 최초 1,500만 돌파, 2017년 가장 많이 언급된 인물
공식 카페DAUM	관계성, 개방성	11,000,000명	공식 팬카페

출처: 김남국 (2018), 『BTS Insight 잘함과 진심』, 비밀신서,

스타와 팬의 관계를 만드는 팬덤은 스타와 팬들의 정서적 교감이며, 팬들끼리도 친밀감을 형성하는 사회적 활동이다.

팬들은 스타를 신의 성질에 두면서 활동하기를 좋아한다. 특별한 가치나 사회적 지위를 가진 존경이나 숭배를 조직적으로 수행한다. 에드가 모랭은 스타는 영웅시되고 신격화되며, 찬미의 대상 그 이상이라 했다. 스타 역시 자신들의 팬들과 함께 현실에서 지각되는 이미지에 정복된다. 스타는 신화로 만들어지고 무대 밖으로 연장된다. 자신들의 생활을 팬들과 공유하고 팬들의 요구에 부응한다. 사회적 현상으로서의 스타와 팬의 관계인 팬덤은 단순한 문화현상 그 이상이다.[3] 사람들 마음을 움직이는 '스타예배'처럼 종교에 비유하는 모랭의 오래전 주장을 뒤로 하고 일단 산업경제에서도 엄청난 파급효과를 미친다. BTS의 국내 경제가치가 연간 5조원은 넘는다는 평가이다. 팬덤이 없으면 불가능한 일이다.

삐딱해도 현실이다
- 패러디 -

▶ **린다 허치언, 『패러디 이론』**

패러디는 모방의 한 형식이지만 패러디된 작품을 희생시키지 않는 모방이다.

'진짜다/가짜다'의 문제는 '있다/없다'의 문제와 다르다. 진짜인가 가짜인가 하는 것은 동일성을 확인하는 것으로 가치론적으로 진위를 판단하는 것이다. 있다와 없다는 눈으로 확인하는 실존의 문제이다. 매일을 살아가는 우리는 '있다/없다'의 문제를 우선 본다. 그 뒤에 '진짜다/가짜다'를 따지게 된다. 그러나 인터넷의 세상에는 '진짜다/가짜다'인 '얼마나 리얼한가'에 대해 묻지 않는다. 실재하지 않아도 실재처럼 느끼는 가상의 세계는 실존의 문제를 뛰어넘는다. 사이버공간에서는 물질에 기반하지 않아 '있다/없다' 자체가 무의미하다. 하물며 '진짜다/가짜다'의 문제는 더 중요치 않다. 진짜 같은 가짜가 넘쳐난다. 또한 가짜도 나름 의미를 지니고 있어 그 가치를 폄하할 수도 없다. 너무 많은 복제품과 패러디가 넘치고 있기 때문이다. 복제는 원본을 손상시키지 않지만, 패러디는 원본을 손상시키는 문화적 모방물이다. 패러디는 문학이나 음악, 그림, 사진 등 특정 작품의 소재나 작가의 문체를 모방하여 익살스럽게 표현하는 기법이나 작품이다.

패러디는 단순한 모방 차원이 아니라 패러디의 대상이 된 작품과 패러디를 한 작품 모두 새로운 의미를 가진다는 점에서 표절과 구분된다. 패러디는 고대 희랍어 'paradia'에 어원을 두고 있다. 접두어 'para'는 '대응하는', '반하는', '의외의' 뜻을 지닌 것으로 'paradia'는 반대의 입장에서 불러진 노래, 즉 대응하는 노래counter-song의 의미를 담고 있다. 패러디는 언어적이든 시각적이든 원본의 진기함을 왜곡함으로써 새로운 작품을 개발하는 기법이다. 전형화된 본질의 재현으로서 20세기 예술과 대중문화에 영향을 주기도 했다.[4] 그러나 인터넷은 이러한 패러디를 코믹하게 재현하면서 문화적, 관념적 암시를 해석하게 만들어 활성화시켰다. 패러디는 원작을 변형하고 과장하여 풍자와 익살로 원작을 재창조한다. 패러디가 초기에는 예술의 영역에서 등장했다. 그러나 일반인들도 패러디를 생산, 변화, 교류하게 된 것은 인터넷이 결정적이었다.

인터넷은 우리가 접할 수 있는 이미지 환경을 바꾸어 놓았다. 인터넷을 이용한 디지털 이미지는 '진짜다/가짜다'와 같은 시각의 엄격함을 해체시킨다. 각기 다른 이미지들의 결합, 혹은 변형을 통한 새로운 이미지를 만들어 낸다. 이러한 이미지들은 또다시 해체와 복제, 변형을 반복하여 무차별적으로 사람들의 시각 환경을 점령한다. 이미 디지털 기술로 무한히 변경되거나 복제되어 재생산된 이미지의 습성에 익숙한 현대인들은 이러한 변화된 시각 환경에 자신도 모르게 흡수된다. 오늘날 이미지 환경에 있어서 컴퓨터로 만든 이미지들은 영화, 사진, TV의 모방 능력과는 근본적으로 다른 재현을 연출한다. 전문가들의 전유물이었던 이미지의 창조가 일반 대중의 손으로 쉽게 넘어오면서 자신만의 이미지를 생산 교류한다. 여기에 사회적 이슈를 기발하게 변형하여 만든 작품들이 온라인 패러디이다. 패러디는 풍자 패러디와 유희 패러디로 나눌 수 있다.

- 풍자패러디 – 정치 및 시사와 관련된 내용을 희화화하는 일

종의 참여로서의 패러디이다.

- 유희패러디 – 진지함보다는 즐거움이나 재미를 위주로 기호나 취향에 맞춘 패러디이다.

풍자패러디는 정치적 대상을 희화화하여 풍자하는 것을 목적으로 한다. 보는 사람들로 하여금 웃음을 준다는 것을 넘어 정치권 인사나 사회적 이슈를 패러디하여 정치적 사회적 문제에 대한 관심을 불러 모은다는 점에서 참여를 유도하는 패러디이다. 패러디를 통한 정치적 사회적 이슈에 대한 메시지는 논리적 주장이나 물리적 강압 이상의 효과를 보이기도 한다. 패러디 자체가 메시지를 한눈에 파악하기 쉽도록 직관적인 이미지를 사용하기 때문이다. 유희의 패러디는 재미와 즐거움을 우선으로 하는 패러디이다. 특히 인터넷 게시판에서 잘리는 것을 방지하기 위한 '짤방'문화는 패러디를 적극 이용한다. 주목을 끌어 게시물이 잘리지 않으려고 이미지를 왜곡하면서 웃음과 해학을 동원하게 된다. 만화에 나오는 인물 중 이목구비가 이상하다는 이유로 주목받은 '주름이'는 패러디가 재패러디 되면서 인기를 끌었다.

패러디는 오마주hommage와는 다르다. 패러디는 풍자와 해학이 목적이지만, 오마주는 원작자를 존경하는 차원에서 원작의 요소를 차용하여 비슷한 작품을 창작하거나 그대로 표현하는 점에서 구분되어진다. 패러디는 보드리야르가 말한 모방인 '시뮬라크르'와도 다르다. '시뮬라크르'는 존재하지 않는 대상을 존재하는 것처럼 만든 인공물로서 원본이 없다. 원본이 없는 이미지란 점에서 패러디와 다르다. '시뮬라크르'는 원본이 없기 때문에 실제보다 더 실제를 가장하는 '이미지의 폭력'이 될 수 있다. 이미지의 폭력은 물리적인 공격보다 더 교묘하다. 왜냐하면 우리를 착각하게 만들기 때문이다. 이미지의 폭력은 이미지의 왜곡에서 나온다. 패러디는 이미지를 왜곡하는 것이 아닌 원본을 다르게 재현하면서 특정한 메시지를 보여준다.[5] 그리고 원본을 통해 전달하면서

〈그림 3-1〉 '모나리자'의 최초 패러디인 마르셀 뒤샹의 〈L.H.O.O.Q〉왼쪽와 레오나르도 다빈치의 원작.

원본을 대체하려는 의도도 없다. 패러디를 통해 갖는 메시지는 폭력적이기 전에 그 자체 즐거움이다.

온라인 패러디는 정치 사회적 이슈를 이해하는 수단이면서 삶에 찌든 현대인들에 웃음과 해학을 주는 활력소이다. 온라인 패러디 문화가 어떤 사회 현상에 대한 신념, 이데올로기, 가치, 태도, 추상적 이미지, 견해, 생각, 취향, 선호 등을 더욱 견고히 하거나 변화시키는 힘을 갖는다는 주장은 불분명하다. 패러디는 본질적으로 복잡한 현실을 한눈에 파악할 수 있도록 메시지를 집약하고 있기 때문에 쉽게 각인될 수는 있지만, 흉내 내고 모방한다고 해서 실제를 착각하진 않는다. 패러디는 위장이 아니다. 현실의 모습을 다르게 이해하게 해줄 뿐이다. 그러면서도 즐거움을 앞세운다. 그런 점에서 보드리야르가 말한 초현실의 시뮬라크르와 다른 것이다. 오히려 이상적인 꿈은 보드리야르의 시뮬라크르가 아닌 패러디에서 찾을 수 있다.

혐오와 분노의 경계에 놓인 말言
- 사이버 언어 -

▸ **마사 너스바움, 『혐오와 수치심』**

혐오의 감정은 자신을 오염시킬 수 있는 것에 대한 거부를 표현이다. 분노에 대해선 타당하다고 여겨질 수 있는 종류의 감정인지 질문해야 한다.

'헐', 황당할 때 쉽게 나오는 외마디, 이제는 익숙하게 들린다. 국어사전을 찾아도 알 수 없는 이상한 말들이 우리 주변에 널려 있다. 사이버 언어이다. 2016년 초등학생들을 대상으로 한 설문조사에서 인터넷에서 주로 쓰는 신조어 가운데 '헐'이라는 표현을 많이 쓰는 것으로 나타났다. 헐은 황당하거나 어이없을 때 내뱉는 감탄사로 초등학생의 86.3%가 사용하는 것으로 조사됐다. 그다음 많이 쓰는 말은 '안물'82.1%이었다. '안물어봤다'의 줄임말이다.[6] 사이버 언어는 이제 일상 언어에 깊이 스며들어 있다. 기존의 언어 체계는 사이버 언어로 인해 변화를 불러일으킨다. 사이버 언어의 등장, 언어체계의 변화는 인터넷 때문이다. 스마트폰의 확대는 짧고 간단하면서 쓰기 편한 '통신언어'를 만들고 있다. 사이버 언어는 '통신언어'만이 아니라, '가상공간 언어', '전자언어', '채팅 언어', '컴퓨터방 언어', '인터넷 언어' 등 다양하게 등장한다.

사이버 언어를 국어 한 영역으로 포함하자는 주장도 있었다. '음성언어 → 문자언어 → 통신언어'와 같은 언어 매체의 변화에 따른 발전적 단계로 인정하자는 것이다.[7] 언어는 고정되어 있지 않고 항상 변화하며 시간의 흐름에 따라 새로운 단어들이 생성되고 소멸되는 과정을 거친다. 사이버 언어가 일상생활에 깊이 침투할수록 실생활에서 쓰이는 언어도 다양하게 변화할 것이라는 사실은 그리 놀랍지 않다. 그러나 사이버 언어는 기존 언어의 틀에 맞춰진 형식과 구조에서 벗어나 창의적인 텍스트로 만들어진다. 사회를 풍자하거나 해학적으로 드러내는 표기들이 나타나고, 나아가 분노와 혐오의 기표들이 등장하면서 다양한 양상을 보이고 있다. 여러 가지 언어 변용의 형태가 사이버 언어로 등장한다.[8]

- **축약어** - '글쿤요'그렇군요, '짱나'짜증나와 같이 단어를 모두 쓰지 않고 한 글자나 두 글자로 적거나, 한글의 자음만 따서 표현한다.
- **소리나는 대로 적는 말** - '시러'싫어, '추카추카'축하축하와 같이 연음해서 쓰거나, 글자 하나하나에 강조를 두어 된소리로 적거나, 발음 나는 그대로 적는다.
- **새로운 단어 형태** - '하세염', '하셈', '하삼', '하3'하세요처럼 새로운 자신들의 말투로 변형한 언어형태이다.
- **의성어와 의태어의 사용** - '허걱'놀랍다, '흠냐'지루하다, '삐질'땀나는 모양처럼 자신의 표정과 기분 상태를 문장으로 설명하기보다 의성어와 의태어로 간단히 나타낸다.
- **이모티콘과 이모지** – '^^*'얼굴 붉히며 미소 지음, '+_+'눈이 반짝반짝, 'ㅠ_ㅠ'눈물흘림과 같이 입이나 얼굴표정을 나타내는 표현의 변형으로 텍스트아스키 문자의 조합으로 감정을 나타낸 것이 이모티콘이다. 이모지는 이모티콘을 통신사에서 그림 모양으로 지원하여 이미지로 감정을 표현하는 그림문자이다. 2007년 유니코드 이모지 기술이 표준화되면서 전세계에서 이용할 수 있게 되었다. 이모티콘과 이모지의 활용은 세계적 소통도 가능하다는 점에서 주목을 끈다.
- **유행표현** – **외계어**와 **신조어**로 나눈다. 외계어는 'ㄱЙ셩ø1

있쿒 잇뿌용'개성이 있고 예뻐요처럼 통신언어의 오락적 기능이 큰 비중을 차지하는 양식이다. 언어 해독을 못할 것이라는 기대에 재미를 느끼고, 해독을 하는 사람들끼리는 유대감을 갖는 자신들만의 언어이다. 외계에서 온 말의 의미로 외계어라 불린다. 신조어는 '캐안습'개+안구에 습기가 차다-눈물나다, '급빵긋'급하게 방긋 웃다처럼 게시자의 번뜩이는 아이디어로 만들어진 말이다. 유머 커뮤니티인 '디시인사이드'나 '웃긴대학'에 게시물로 등장하다가 점차 커뮤니티 밖으로 퍼져나가 유행된 말이다.

사이버 언어는 기존 언어의 틀에 맞춰진 형식과 구조에서 벗어나 창의적 텍스트로 끊임없이 만들어진다. 초기에는 단순한 축약과 생략을 통한 줄임말, '즐'이나 '헐'같은 사이버 은어와 소리나는 대로 표기하기, 혹은 이모티콘 같은 것들이 대부분이었다. 디지털 세대는 인스턴트 글쓰기와 모바일 글쓰기에 길들여진 세대이다. 되도록이면 짧은 글자 수에 많은 의미를 담기를 원한다. 그것이 보다 경제적인 의사소통 방식이라고 생각하기 때문이다. 사이버 언어가 기존 언어의 파괴라는 우려를 낳기는 했지만, 디지털 기기에 익숙한 소통수단으로 사이버 언어에 대한 거부감은 점차 수그러들고 있다. 일상

영역에서 쓰이던 언어와는 완전히 다른 모습의 언어 양상이 통신 과정에 버젓이 등장한다. 각각의 글자들이 아무런 의미가 없는 그저 하나의 기표로써 작용하는 경우도 있다. 'ㅎrㄴr 부터 열ㄲrㅈl' 와 같이 의미의 해석이 필요하지 않는 형상의 변형도 나타났다.

오늘날 신조어를 만들어내는 방식 자체가 달라지면서 사이버 언어는 복잡해졌다. '복세편살'복잡한 세상 편하게 살자, '낄끼빠빠'낄데 끼고 빠질 데 빠지자와 같이 문장을 구성하는 단어의 첫 글자만 따서 줄임말로 신조어를 만드는 경우가 늘어났다. 과도한 줄임말 가운데, 해학과 풍자, 혐오와 분노가 들어가면서 정서의 황폐화와 같은 문화 일탈로 이어지는 경우가 신조어에서 흔하게 되었다. 청년실업문제, 정부정책에 대한 불만, 경제적 불평등과 같은 사회적 이슈를 신조어를 통해 해학적 표현으로 표출하기 시작했다. '헬조선', '금수저', 'N포 세대'와 같은 단어들이 바로 그것이다. 이러한 신조어들은 젊은 세대를 중심으로 급속하게 퍼지면서 사회에 대한 포기를 혐오로 드러낸다. 혐오는 가급적 대상을 주체와 분리시켜 거리를 둔다. 혐오는 도피와 방기로 이어진다. 희망 없는 젊은 층의 자조적인 모습의 사회를 신조어로 나타낸 것이다.

여기에 더해 '한남충'한국 남자를 매도하는 듯 벌레에 비유과 같은 말은 혐오가 아닌 분노를 부르는 신조어이다. 혐오에서 분노가 되면 주체는 대상으로 다가가 논박하거나 보복을 한다. 주체는 대상과 맞서며 저항하거나 참여한다. 분노의 신조어로 '김치녀'도 맞서고 있다. '한남충'과 '김치녀'는 분노를 드러내는 신조어이다. '한남충'과 같은 "~충"은 순식간에 적용 범위가 무차별적으로 넓어졌다. 특정 계층이나 집단 전체를 매도하는 단어로 쓰이기 시작했다. 상식에 어긋난 민폐를 끼치는 일부 집단을 지칭하는 데 쓰이면서 대중적이게 되었다. 그 예 가운데 하나가 '맘충'이다.

'맘충'은 어머니를 뜻하는 '맘'mom에 벌레 충虫자를 붙인 단어이다. 커피전문점, 식당 등 공공의 장소에서 떠들고 뛰어다니는 아이들을 방치하는 '민폐' 엄마를 가리키는 말로 흔히 쓰인다. 원래 맘충은 군만두를 '서비스'로 안 줬다는 이유로 중국집 배달 후기에 악평을 남긴 엄마나, 아이 기저귀를 식당에 몰래 두고 간 상식에 어긋난 아기 엄마의 눈살 찌푸리는 경우에 쓰이면서 시작했다. 하지만 적용 범위가 점차 넓어졌다. 아이를 키우는 어머니 나이 세대가 공유하는 웃음코드나 말투에도 반사적으로 '맘충 극혐'이라는 반응이 따라오는 식이다. 젊은 세대를 중심으로 혐오나 분노의 표출에 신조어를 적극 동원한다.

마사 너스바움은 〈혐오와 수치심〉에서 혐오와 분노를 구분한다.[9] 혐오는 자신의 몸 안과 밖이라는 경계와 관련이 있다. 그 감정은 자신을 오염시킬 수 있는 것에 대한 거부의 표현이다. 이와 달리 분노는 부당함 또는 그에 맞서려는 사고가 중심을 이룬다고 했다. 언어는 그 사회의 현재 상태를 쉽게 파악할 수 있다. 기표에 담긴 기의를 통해 사회를 보려는 소쉬르와 같은 구조주의자들의 주장대로라면 사이버 언어의 신조어에 담긴 혐오나 분노는 사회 그 자체를 보여주는 것이다. 사이버 언어에서 보이는 냉소, 혐오, 분노를 표현한 신조어는 사회적 감정의 방향과 정도를 알려준다. 젊은이들이 즐기기 위해 쓰는 단순한 오락물 정도로 볼 만큼 그리 가볍지 않다. 사람들은 모바일 기기를 통해서 언제 어디서든 소통이 가능하게 되었다. 여기서 쉽게 통용되는 사이버 언어는 사회의 반영물이다. 그것이 혐오나 분노로 보여 문화 일탈로 비춰지더라도 디지털 네이티브들이 사이버 공간에서 갖는 타당한 감정일 수 있다.

〈표 3-2〉 줄임말로 표현된 신조어 예시

궁물	궁금한 것을 물어보다	일생가	일상생활에서 가능해?
1592따	이러고 있다	흠좀무	흠, 좀 무서운데?
캐발랄	개+발랄	ㅈㄴㄱㄷ 지나가던	지나가던 중에 참견
닥본사	닥치고 본방 사수	개룡남	개천에서 용난 남자
킹왕짱	king 왕王 짱 = 최고	솔까말	솔직히 까놓고 말해서
ㅈㄱㄴ 제곧내	제목이 곧 내용이다	글설리	글쓴이를 설레게 하는 리플
주장미	주요장면 미리보기	듣보잡	듣도 보도 못한 잡것
사바사	사람 by 사람사람 마다 다르다	할많하않	할 말은 많지만 하지 않는다
핑프	핑거 프린스, 핑거 프린세스 검색으로 알아보지 않고 각종 사이트에 질문하는 사람	Latte is horse	나 때는 말이야 꼰대로 느끼는 사람
스몸비	스마트폰 + 좀비	알잘딱깔센	알아서 잘 딱 깔끔하고 센스 있게
자만추	자연스러운 만남 추구	구취	구독 취소

원소스 멀티유즈가 된 문화장르

- 웹툰 -

▸ **스탠리 피시, 『이 클래스에 텍스트가 있는가』**

텍스트의 의미는 그것을 읽고 쓰는 공동체가 가지는 의미체계가 확립되어야 발생할 수 있다. 이러한 공동체는 문화를 인식하는 방식이나 습관을 공유하는 집단으로 해석적 공동체이다.

〈와라! 편의점〉 네이버에서 2008년부터 2014년까지 연재된 웹툰이다. 편의점을 무대로 점장과 아르바이트생 그리고 손님을 중심으로 펼치는 연재 웹툰이 큰 인기를 끌었다. 매주 수요일과 금요일 2차례 연재처음엔 금요일만는 화제를 모으자, 애니메이션, TV 프로그램, 주제가, 소셜 게임, PB상품으로 이어지면서 웹툰으로 인한 문화생산력을 크게 확산시켰다. 웹툰이 문화의 시작이 되고 있다. 인기를 끄는 상위 웹툰은 웹툰으로 끝나지 않는다. 문화 파급력은 상상 그 이상이다. 웹툰은 2차 저작물로 영화, 드라마의 원작 소스가 되고, 게임과 광고에 이용된다. 웹툰, 단순히 인터넷의 만화 정도만 여기기엔 영향력이 엄청나다.

〈은밀하게 위대하게〉 영화는 다음 웹툰이 원작으로 700만 명이라는 관객을 동원했고, 영화 〈이끼〉 350만 명, 〈전설의 주먹〉 170만, 명 〈이웃사람〉 250만 명, 〈26년〉 300만 명 등이 웹툰을 원작으로 한 영화들이다. 〈신과 함께〉는 1천만 명을 넘긴 관객을 동원한 영화로 원작 역시 웹툰이다. 또한 웹툰 〈나는 매일 그를 훔쳐본다〉가 드라마 〈이웃집 꽃미남〉이라는 제목으로 만들어졌다. 〈패션왕〉, 〈쌉니다 천리마마트〉, 〈미생〉 등의 드라마도 원작이 웹툰이다. 영화나 드라마뿐만 아니라, 연극, 애니메이션, 소설, 게임 등에 웹툰이 원천 소스로 이용되고 있다. 웹툰은 만화시장을 웹툰 전과 후로 나눌 수 있다고 할 정도로 국내 만화 시장을 통째로 바꿔 놓았다.

웹툰은 스마트폰으로 폭발 성장했다. 웹툰은 웹사이트의 웹web과 만화를 뜻하는 카툰cartoon의 합성어이다. 다양한 소프트웨어를 이용하여 디지털 형태로 가공하여 인터넷에 연재하는 만화이다. 인터넷을 창작공간으로 활용한 웹툰은 인터넷 세상 특유의 파격과 개성, 때로는 급진적 성향을 고스란히 담고 있다. 포털, 스포츠신문사 홈페이지, 개인 홈페이지 등에 연재하는 경우가 일반적인 형태였다가 웹툰 전용 플랫폼으로 발전하였다. 웹툰은 인터넷 만화와 달리 제작과정에서부터 전자적인 방법으로 그려져 웹상에 올라간다. 출판된 만화를 스캔하여 보여주는 '뷰어', '스캔 만화'와는 다른 개념이다. 즉, 인터넷만화가 기존의 만화계와 만화적 전통을 대부분 수용한 것이라면 웹툰은 창작, 제작, 유통, 소비에 이르기까지 이전의 그것과는 전혀 다른 새로운 콘텐츠이다.

웹툰의 시초는 1998년부터 웹에 연재한 〈스노우캣〉으로 볼 수 있다. 서사 형태의 기존 만화와 달리 짧은 내용의 세로 스크롤에 적합한 1칼럼 형식의 웹툰이었다. 파격적인 형태의 웹툰으로 인터넷의 등장과 함께 십여 년을 연재한 웹툰 1세대이다.[10] 2000년 들어 성장한 포털은 웹툰을 통해 기반 다지기를 시도하기도 했다. '야후'가 2002년 만화를 런칭 시도했으며, '다음'은 아예 '만화 속 세상'이라는 서비스로 만화를 통해 세상을 보여주는 작업을 시도했다. 그러나 신문사 만평 코너까지 넣으면서 체계성이 떨어졌다. 이때 '만화 속 세상'에서 방향성을 잡게 한 웹툰은 강풀의 〈순정만화〉였다.[11] 2003년 10월부터 2004년 4월까지 연재하면서 드라마 형식을 채택하여 폭발적 인기를 끌었다. 연재시스템을 정착시킨 작품은 영화화에 성공하고, 일본에도 수출하면서 원소스 멀티유즈

one source multi-use로 발전하는데 공헌했다.

〈스노우캣〉은 개인의 소소한 일상사를 주제로 한 이미지 중심의 단편적 에피소드 만화로 일기체 형식의 에세이툰 essaytoon이었다면, 강풀의 〈순정만화〉는 짧은 호흡을 유지하는 에세이툰과 달리 기승전결의 서사적 구조를 바탕으로 한 장편 형식의 웹코믹스webcomics이다. 웹툰은 2000년 '천리안 웹툰'에서 웹툰이라는 말이 시작되었다. 그러나 대중화되지 않던 용어가 네이버에서 웹툰 서비스를 런칭하면서 빠르게 성장했다. 네이버 웹툰은 후발 주자였지만, 한국 최대 포털지위에 힘입어 웹툰에서도 인기작을 빠르게 내놓으면서 웹시장을 주도하고 있다. 〈골방환상곡〉은 네이버의 최고 인기작으로 2005년 12월에 시작 3년간 연재한 작품으로 많은 팬층을 확보했다. 특히 웹툰 최초로 유행어를 만들어 오프라인 문화에 까지 영향을 미쳤다. 〈골방환상곡〉 8회에 등장한 엄마친구아들 즉 '엄친아'라는 단어가 '엄친아 신드롬'을 일으켜 유행시켰다.[12]

웹툰은 출판된 만화를 인터넷을 통해 재배포하는 경우도 있지만, 애초에 인터넷 배포를 목적으로 제작하는 경우가 대부분이다. 작가도 독점 작품을 연재하는 독점 작가와 그렇지 않은 비독점 작품을 연재하는 작가로 구분되는데 2018년 기준 독점 작가는 2천131명이며, 비독점 작가는 2천553명으로 전체 작가수가 4천684명으로 조사되었다. 특히 페이지뷰의 67.7%를 차지하는 네이버 웹툰은 '베스트 도전' 코너를 2006년 도입하여 웹툰에 누구나 도전할 수 있는 코너를 만들어 '도전만화 → 베스트만화 → 정식만화'의 단계를 통하게 했다. 네이버 웹툰은 승격제도를 통해 수많은 작가를 키웠으며 현재 독점 작가만 321명으로 가장 많은 작가 수를 확보하고 있다.[13]

'웹툰'이 이전의 출판만화와 가장 두드러지는 차이점은 독자의 참가가 가능한 쌍방향성에 있다. 댓글을 통해서 만화 내용에 대해 문제를 제기하여 시정을 요구하거나, 만화 내용에 대한 개인적인 의견이나 만화가에 대한 응원 등을 통해 독자가 능동적으로 참여할 수 있다는 점이다. 또 일부 만화의 경우 독자에게 참여 기회를 주는 등 이전 출판만화가 가지지 못하는 쌍방향성을 적극 시도한다. 네이버의 베스트만화는 독자와의 상호작용에서 살아남아 좋은 반응을 갖출 때 가능하다. 페이지뷰가 늘어나고 정식만화가로 올라갈 수 있다는 점에서 독자와의 상호작용은 웹툰에서는 중요하다.

웹툰은 파급력이 막대한 수준으로 이제 그야말로 핫한 문화 콘텐츠가 되었다. 여기에는 소통문화와 상업문화가 연결되어 있다. 소통문화는 작가와 독자와의 상호작용을 말한다. 콘텐츠에 대한 댓글 쓰기와 공유와 같은 상호작용 행위가 웹툰 이용에 중요하다. 웹툰 이용자들은 웹툰에 대한 의견, 해석, 정보를 댓글로 달고 이를 다른 사람과 공유한다. 실제 인기 웹툰의 경우 회당 평균 댓글수가 1만 개를 넘고 있다. 웹툰 플랫폼에서는 댓글을 모아 보여주는 '베플 코너'를 제공하기도 한다. 댓글은 플랫폼의 웹툰 작가에 대한 평가 시스템에 영향을 미친다. 별점, 댓글, 좋아요 수, 회당 평균 댓글 수, 총 댓글 수 등 웹툰의 인지도가 아마추어 작가에서 프로 작가로 전환되는 기준이 된다. 원고료도 이용한 클릭 수에 따라 지불한다. 독자들의 반응인 웹툰의 인지도는 실제 게임을 제작할 때 다운로드 수와 비례한다.[14] 독자들의 다양한 반응은 콘텐츠의 가치를 증가시키고 2차 저작물의 활용 여부를 결정하는 기준이 되고 있다

웹툰은 원소스 멀티유즈OSMU, one source multi use에 최적화된 문화콘텐츠이다. 웹툰은 다양한 소재와 장르 등을 폭넓게 담아 표현할 수 있고 내용 면에서도 누구나 쉽게 공감할 수 있다. 영화나 게임을 만드는 사람에게도 웹툰에 기반한 스토리에 공감을 얻어 원천 콘텐츠로서의 가능성을 높여가고 있다. 상업문화로서의 성장 징후가 농후하다. 웹툰의 2차 저작권

매출에서 드라마가 35.0%로 가장 높고, 게임20.8%, 캐릭터19.5%, 영화 및 애니메이션각, 8.3% 순서로 나타났다.[15] 웹툰은 그저 웹툰이 아니다. 2020년 웹툰 시장 매출이 1조 원대를 예상한다. 웹툰노믹스Webtoon+Economics라는 말이 생기고 있다. 해외 콘텐츠, 출판, 광고, 기타 등 웹툰은 비즈니스로서 성장 잠재력이 높다.

웹툰은 스마트폰의 확산으로 짧은 시간 내에 문화소비를 하는 스낵 컬쳐로서 안성맞춤이다. 출퇴근 시간과 점심시간에 10분~15분 내외로 즐기는 간편 문화생활에 익숙한 디지털 네이티브들의 라이프 스타일에 웹툰만한 것은 없다. 웹툰이 의미를 가지는 것은 웹툰 자체에 의해서만이 아니다. 웹툰을 접하는 사람들이 그 의미를 다양하게 받아들이는 복합적인 구조에서 나온다. 문화의 생산과 해석에 보편적이고 유일한 해석법은 존재하지 않는다. 다양하게 웹툰을 받아들이는 것은 독자들의 반응에서 나타난다. 웹툰에 대한 평가, 웹툰 작가에 대한 선호도 그리고 별점, 댓글, 조회 수는 웹툰에 대한 독자들의 능동적 참여이다. 웹툰의 생산과 소비에 독자들의 창조적 관여는 웹툰 문화에 자연스럽게 되었다. 생산과 소비가 분리되어 있지 않다. 웹툰의 의미가 독자들로부터 만들어진다는 것은 콘텐츠를 접하는 공동체가 하나의 해석적 공동체이기 때문이다.[16] 독자들의 능동적 관여로 웹툰이 생산된다면 이들 독자들의 공동체는 나름의 의미체계를 갖고 있는 것이다. 웹툰의 진정한 의미가 웹툰을 기대하는 사람들의 영역에 있기 때문에 웹툰은 인기를 얻으며 여러 문화장르에서 성공하고 있다.

〈표 3-3〉 2018년 웹툰 주요 플랫폼 매출액

단위: 원

<table>
<tr><th>플랫폼 명</th><th>페이지뷰PV</th><th>페이지뷰PV 비율</th><th>매출액</th></tr>
<tr><td>네이버웹툰</td><td>17,287,539,990</td><td>67.7%</td><td>72,200,963,689</td></tr>
<tr><td>카카오페이지</td><td>2,428,097,997</td><td>9.5%</td><td rowspan="2">55,219,738,886</td></tr>
<tr><td>다음웹툰</td><td>1,246,105,519</td><td>4.9%</td></tr>
<tr><td>레진코믹스</td><td>1,730,478,977</td><td>6.8%</td><td>37,443,012,046</td></tr>
<tr><td>탑툰</td><td>630,402,119</td><td>2.5%</td><td>40,422,877,510</td></tr>
<tr><td>투믹스</td><td>608,982,571</td><td>2.4%</td><td>17,505,563,256</td></tr>
<tr><td>봄툰</td><td>189,404,537</td><td>0.7%</td><td>18,620,207,000</td></tr>
<tr><td>저스툰</td><td>108,586,560</td><td>0.4%</td><td>6,693,631,745</td></tr>
<tr><td>합계</td><td>25,542,668,595</td><td>94.9%</td><td>248,105,994,132</td></tr>
</table>

출처: 한국 콘텐츠 진흥원(KOCCA), 2019 웹툰 사업체 실태조사

미래의 충격에 대비
- 사이버 펑크 -

▸ **윌리엄 깁슨, 『뉴로맨서』**

사이버공간은 컴퓨터 테크놀로지가 형성하는 감각적 환영의 세계 혹은 정보와 의견의 소통환경을 가리키는 개념이다.

핵전쟁의 잿더미 속에서 지구를 지배한 기계들에 대항하기 위해 인간들이 봉기를 한다. 기계들은 인류를 말살하기 위한 소탕전을 벌이고 인간 저항군의 리더인 존 코너는 항전을 벌인다. 기계들의 우두머리인 스카이넷이 존 코너의 존재 자체를 없애기 위해 과거로 돌아가 그의 어머니 사라 코너를 제거하는 프로젝트를 세운다. 저항군은 사라를 보호하려고 젊은 수호자 카일 리스를 과거인 1984년으로 급파하여 막는다. 이 내용의 줄거리는 제임스 카메론이 감독한 공상 과학 영화

〈터미네이터〉이다.[17] 이처럼 과학 기술과 연결된 상상의 픽션이 사이버 펑크이다. 기술과 인간의 융합을 그리는 내용은 사이버 펑크 소설에 광범위하게 나타난다. 여기에 항상 등장하는 포스트 휴먼post-human은 일종의 사이보그로 기계와 인간의 결합체이다. 인공지능과 로봇기술의 발달로 인간과 기계의 경계선이 허물어지면서 인간이 기계와 결합하는 새로운 인류를 포스트 휴먼과 일체화시키고 있다. 여기에 인터넷은 늘 중요한 매개 기술이다.

사이버펑크cyberpunk는 사이버네틱스와 펑크의 합성어이다. 사이버는 컴퓨터 및 정보기술과 관련된 것을 말하며, 펑크는 1970년대 이후 등장한 저항 문화와 그 성향을 가진 젊은 풋내기를 의미한다. 이를 합쳐서 보면 컴퓨터에 대한 심취와 이로 인한 기성세대의 가치관 상실을 경멸적인 태도로 바라보는 정보사회에 나타난 새로운 인간상이라 할 수 있다. 즉, 사이버펑크는 컴퓨터 및 정보기술이 지배하는 사회에 대해 저항하는 사람들이나 그들의 운동이라는 의미를 담고 있다. 사이버펑크라는 말 자체는 브루스 베스키의 단편 〈사이버펑크〉1980에서 시작했지만 과학 소설의 장르적 특징으로 등장한 것은 윌리엄 깁슨William Gibson의 〈뉴로맨서〉Neuromancer, 1984이다.[18]

윌리엄 깁슨은 사이버펑크 장르의 대표적 작가로 사이버스페이스라는 용어를 최초로 만든 인물이다. 사이버스페이스를 사용하면서 깁슨은 거대한 정신 영역을 개척했다. 사용자가 컴퓨터에 접속jack in하면서 '공감각적 환영'의 영역에 들어간다. 두뇌와 전극을 통한 컴퓨터와 인간의 신경이 직접적으로 연결되는 것을 상상한다. 컴퓨터의 사용자들은 사이버스페이스의 풍경을 속속들이 들여다보는 시각적 재현을 경험한다. 사람들이 물리적 신체를 지니고 있지만 사이버스페이스 속에 들어갈 수 있는 의식을 가지고 컴퓨터의 데이터와 상호작용한다. 데이터는 인간화되고 인간은 사이버스페이스를 섭렵하면서 컴퓨터화 된다. 가상공간의 영역을 상상하면서 일어나는 모든 기술은 이러한 사이버스페이스와의 교감이라는 사이버펑크에서 나온 것이다.

사이버펑크는 SF의 한 장르로 컴퓨터 기술에 의해 지배당하는 억압적 사회에 대항하는 인간의 사회적 역학을 다루는 문화이다. 여기에 사이버펑크를 통한 문화의 특징은 기존의 문화에서 관습처럼 굳어져왔던 다양한 경계들이 붕괴된다는 점이다. 인간과 기계는 사이보그로 등장하고 실재와 비실재는 시뮬레이션으로 대체된다. 사이버펑크 작품인 닐 스티븐슨의 소설 〈스노우 크래시〉Snow Crash, 1992에 잘 나타난다. 해커이면서 피자배달부인 주인공이 자신이 만든 사이버세상인 '메타버스'안에서 거의 신적인 존재로 활약한다는 내용이다. 주인공이 육체와 정신을 파괴하는 사건의 배경을 뒤쫓는 줄거리로 주인공은 현실과 가상을 종횡무진 활약한다. 이 책은 가상현실 속의 캐릭터를 형상화한 아바타라는 단어를 처음으로 쓰고 퍼트렸다. 최근 넷플릭스의 드라마 〈얼터드 카본〉Altered Carbon, 2018 역시 사이버펑크의 장르를 잘 보여주고 있다. 2002년 리처드 K 모건이 쓴 SF소설을 원작으로 한 드라마로 사람의 의식을 저장하여 다른 육체로 전환할 수 있는 탈신체화된 과학기술을 바탕으로 전개되는 줄거리이다. 인터넷과 과학 기술의 발달로 의식을 저장하는 디지털 저장소만 있으면 신체의 재투입으로 사람은 죽지 않는다. 이처럼 기존의 생각을 파격적으로 해체하고 경계의 벗어나게 하는 것은 사이버펑크에서 가능한 것이다.

사이버펑크 장르의 또 다른 영화인 〈블레이드 러너 2049〉Blade Runner 2049, 2017나 〈공각기동대〉Goast in the Shell, 2017도 마찬가지이다. 사이버라는 기술을 바탕으로 한 스토리의 전개는 인공지능을 탑재한 로봇, 인간과 꼭 닮은 안드로이드, 여기에 수많은 홀로그램으로 구축한 화려한 도시 이미지로 미래사회를 예상하게 한다. 가상현실, 사이버스페이스에서 생활, 그리고, 증강현실 등에서 일어나는 일들이 생생하게 펼쳐지는 사이버펑크는 미래 충격을 미리 예고하는 듯하다. 사이버펑크 속에 그려지는 미래 세계는 항상 충격적이다. 그리고 불편하고 적대적이며 위험하고 위협적으로 보인다. 그래서 사이버펑크의 특징은 사회예측을 할 수 있게 만들고, 미래 충격에 대한 대처능력을 개발하게 한다.

사이버펑크는 사이버에서 발생하는 하이테크 하위문화와 펑크에서 유발되는 밑바닥 거리문화의 결합물 정도로 생각했다. 인터넷의 발전으로 컴퓨터는 자기증대능력을 가지면서 스스로 일을 처리하는 인공지능artificial intelligence이 상용화되고 가상의 세계에서 활동하는 가상현실virtual reality도 흔하게 볼 수 있는 현실이 되었다. 불과 몇 년 전만 해도 상상에 그친다고 생각했던 일들이 오늘날 일상에서 쉽게 접하고 있다. 급변하는 사회 속에서 우리가 묘사했던 미래사회가 더 이상 상상의 세계가 아닌 실현 가능한 사회로 다가온 것이다. 특히 온라인 통신망의 연결은 단순히 우리 사회가 오프라인 사회에만 국한되지 않고 더 나아가 온라인에서의 공간, 즉, 사이버스페이스cyberspace를 통해 가상현실이라는 새로운 환경을 만들어냈다.

사이버펑크는 과학기술이 통제하는 미래사회의 역학을

픽션으로 그리고 있다. 인터넷과 과학기술의 진전을 전망하면서 생명윤리 혹은 인공지능을 놓고 미래의 불안감에 갑론을박이 이어지지만 이미 과학기술은 포스트 휴먼, 탈신체화를 선보이고 있다. 로봇팔, 로봇다리 등과 같은 인공 신체와 조직을 자연스럽게 받아들이고 인공지능의 활용범위도 확장되었다. 탈신체화를 이루는 과학기술의 발전이 인간 정체성에 대한 혼란을 줄 정도로 심각하게 생각하지 않기에 논쟁거리로 부각되지도 않는다. 소설 〈뉴로맨서〉, 〈스노우 크래시〉, 영화 〈터미네이터〉, 〈블레이드 러너〉, 〈공각기동대〉 등의 작품은 생명체인 인간과 기술을 합체하고, 현실과 가상을 넘나들면서 새로운 무대인 미래 세계를 보여준다. 반문화적 감성에서 시작한 펑크문화가 과학기술과 합쳐진 사이버펑크로 되면서, 인간의 한계를 초월하면서도 실천적 가능성을 보이는 문화로 발전했다. 사이버펑크는 두렵고 위협적인 부분은 있지만 의미론적 발생영역으로 미래를 인식하는데 도움을 주는 것은 분명하다.

제4장

참여의 쓸모

악화와 양화의 구별은 없다

- 가짜뉴스 -

▸ **알랭 드 보통, 『뉴스의 시대』**

뉴스는 뉴스의 작동원리가 거의 보이지 않게 하는 방법을, 그리하여 사람들로 하여금 의문을 제기하기 어렵게 하는 방법을 안다.

누가 착하고 누가 악인인지 알려면 뉴스를 봐야 한다. 알랭 드 보통은 그의 저서 〈뉴스의 시대〉에서 계시를 얻기 바란다면 역시 뉴스라고 했다. 고통을 헤아려볼 수 있기를 바라고, 존재의 이치가 펼쳐지는 광경을 이해하길 희망하면 뉴스를 보라는 것이다. 뉴스가 앞을 내다보게 하는 계시인 셈이다. 많은 뉴스를 쏟아내는 인터넷이 앞을 내다보는 혜안을 갖게 하는가 묻는다면 고개를 갸우뚱거리게 한다. 인터넷에선 누가 착한지 누가 악한지 알 수가 없다. 가짜뉴스 때문이다.

인터넷에서 접하는 뉴스는 뉴스의 작동원리를 드러내지 않는다. 뉴스는 사실을 보여주는 것이 아니라, 뉴스메이커들, 일명 '게이트키퍼'들의 시각에서 만들어진 이야기이다. 보다 정확히 말하면 실제 사실이나 사건은 뉴스의 자원에 불과하다. 뉴스는 사실이나 사건을 미디어의 보도에 맞게 재구성한다. 작성한 사람만이 정확히 알 수 있다. 인터넷은 작성자의 의도가 불순한 허위성의 뉴스가 넘친다. 일명 페이크뉴스fake news인 가짜 뉴스가 대중들을 현혹시킨다.

'가짜뉴스란 무엇인가?', 명확한 정의에 대한 의견이 분분하다. 하지만 공통적인 의견이 가짜뉴스란 특정한 목적으로 뉴스 형식을 차용해 만들어낸 허위 및 거짓 정보라는 데는 이견이 없다.[1] 따라서 '가짜'는 목적을 가진 의도적 허위성을 의미하는 것이고 '뉴스'는 언론보도 형식의 특성을 이용한다는 의미한다. 기존의 황색 언론이 자극적이고 선정적인 보도에 힘을 쏟거나 어떤 사실을 부풀려서 객관성을 상실한 보도로 눈총을 받았지만, 가짜 뉴스는 말 그대로 아예 없는 사실을 지어내어 사람들을 혼란에 빠트릴 수 있다는 점에서 우려스럽다. 오늘날 30억 명이 넘는 인터넷 사용자들이 쉬지 않고 새로운 정보를 생산하고 소비하는 정보화 시대에 어떤 뉴스가 가짜인지 판결하기가 쉽지 않다.

가짜뉴스가 대중적인 단어로 퍼지게 된 것은 2016년 미국 대선 기간이었다. 프란치스코 교황이 트럼프 후보를 지지한다는 가짜뉴스가 페이스북과 트위터로 전파되자 전세계 언론의 주목을 받았다.[2] 교황의 지지라는 가짜뉴스는 일시적으로 트럼프 후보의 지지율을 크게 높였다. 반대로 상대편인 힐러리 후보는 '피자 게이트'라 불리는 가짜뉴스로 큰 타격을 입었다. 가짜뉴스는 힐러리 후보가 아동 성노예 조직을 운영한다는 내용이었다. 범죄조직이 힐러리 후보에게 보낸 이메일에 피자 토핑을 범죄은어로 사용했다는 것이다.[3] 가짜뉴스에 분노한 한 남성이 워싱턴 DC의 한 피자가게에 총기난사를 하는 등 사회적 파장을 크게 일어났다. 이 때문인지 옥스퍼드 사전은 2016년 세계의 단어로 '탈진실'post-word을 선정했다. '탈진실'과 같은 가짜뉴스는 한 나라의 문제가 아닌 세계적인 이슈이다.

가짜뉴스가 사회적으로 가져오는 문제는 심각하다. 첫째, 가짜뉴스는 사회 전반적인 신뢰지수를 떨어트린다. 가짜뉴스는 단순히 정보의 형태로만 추출되어 유통되는 루머와 달리 정식 언론의 형식을 모방하고 있어서 대중들이 진실이라고 믿을 가능성이 높다. 뉴스에 대한 진실 여부를 가리기가 힘들게 되는 사회는 신뢰에 문제가 생긴다. 둘째, 가짜뉴스는 사회 전체의 통합을 저해한다. 가짜뉴스는 극단적인 정치적 입장을 띄거나 경제적 차별과 사회적 혐오에 대한 내용을 담고 있는 경우가 많다. 이러한 내용은 특정 세력이 내부의 결속을 유지하고 조직을 강화하려는 목적을 가지게 되어 전체 사회를 건전하게 만드는 데 어려움이 있다. 셋째, 가짜뉴스의 문제는 법적으로 규제하기 어렵다는 점이다. 현재 허위 사실 유포를 규제할 만한 법적 규정이 미비하다. 허위사실이 타인의 인격권이나 프라이버시를 침해할 경우는 법적 규제가 가능하지만 인격권을 침해하지 않고 허위 사실을 유포했을 경우는 명확하게 제재하기가 쉽지 않다.

가짜뉴스는 루머와는 다르다. 루머는 보다 개별적이며, 의도하는 목적성이 덜하며, 진실인 경우도 있다. 그러나 가짜뉴스는 영향력이 더 사회적이며, 의도하는 목적에 의해 만들어진 허위의 내용이다. 가짜뉴스가 유포되는 경우는 보통 정치적 또는 경제적 목적을 띄는데 이는 이익 집단이 정의롭지 않은 이득을 취할 우려가 있다. 따라서 이에 대한 추가적인 검증 장치나 제도를 위한 사회적 비용을 발생시켜 사회 전체의 손실로 이어질 수 있다. 또한 특정 집단의 의도에 맞춘 가짜뉴스는 집단적 극단주의가 될 힘을 키울 수 있다. 규제도 쉽지 않다. 국가의 과도한 제제는 표현의 자유를 침해하거나 개인에 대한 검열이 될 위험성이 존재한다. 실제로 독일에서는 증오발언이나 가짜뉴스 콘텐츠 규제할 소위 '페이스북 법'이 2017년 통과된 후, 표현의 자유와 사생활 보호에 대한 논란거리를 남겨놓았다.

더욱 심각한 것은 가짜뉴스가 혐오와 선동이라는 자극적 프레임으로 등장하더라도 이를 동조하고 믿는 사람들이 있다는 사실이다. 왜냐하면 인터넷에서 사람들은 자신들의 신념과 일치하는 정보는 받아들이고 그렇지 않은 정보는 무시하는 확증편향confirmation bias을 보이기 때문이다. 인터넷에는 수많은 정보가 넘쳐나고 있다 그 정보를 일일이 검증할 수 없다. 자신의 생각을 뒷받침하는 정보를 선택하게 된다. 영국 심리학자, 피터 웨이슨Peter Wason은 현실세계가 불분명하고 복잡하면 자신의 신념에 맞는 정보를 찾는 것이 가장 쉬운 일이라 했다.[4] 뉴스도 마찬가지이다. 오히려 자신의 신념에 근거한 뉴스를 더 적극적으로 선택하게 되며, 뉴스의 진위를 판단하는 것은 뒷전이 된다. 한마디로 가짜뉴스이건 말건 중요치 않다. 자신의 확증편향에 사로잡혀 가짜뉴스를 수용하고 전파하게 된다. 보통의 평범한 사람보다는 극단의 신념으로 무장한 사람일수록 확증편향의 성향이 짙고 그에 부합하는 뉴스를 더 적극적으로 받아들인다. 자기 입맛에 맞는 체리만 따는 체리피킹cherry picking처럼 자신의 신념에 맞는 뉴스만 선택한다.

가짜뉴스를 따르는 사람이 많아지면 앞선 사람의 말이나 행동을 따라하게 되는 동조화현상이 일어난다. 일종의 사회적 폭포현상social cascades이다.[5] 사회적 폭포현상은 작은 물줄기들이 모여 거대한 폭포가 되듯이 개인들의 생각이나 감정이 서로 영향을 미치는 과정에서 거대한 사회적 흐름으로 만들어지는 것을 말한다. 사회적 폭포현상은 '정보의 폭포현상'과 '동조화 폭포현상'으로 나눈다. '정보의 폭포현상'은 어떠한 정보를 일정 수 이상의 사람들이 믿을 경우 앞선 사람의 말이나 행동을 따라하게 되는 것이고, '동조화 폭포현상'은 자신의 주체적인 의견을 만들어 내기보다 대다수 사람들의 의견에 옳고 그름을 따지지 않고 편승하는 것을 말한다. 이는 한 번 확산되기 시작한 가짜뉴스가 그 동력을 잃지 않고 계속 전파되는 원리이기도 하다. 인터넷에서는 특정 뉴스가 얼마나 많이 조회되는지, 얼마나 많은 수의 사람들이 댓글로 반응하는지 쉽게 가늠이 된다. 가짜뉴스가 사실처럼 보이는 것도 앞선 사람들의 반응으로 인한 동조화 때문이다.

가짜뉴스는 많은 뉴스 속에서 특정한 의도를 가지고 선택적 노출, 선택적 해석, 선택적 기억에서 만들어진다. 독일의 여성 커뮤니케이션 학자인 노이만의 '침묵의 나선이론'은 인터넷에선 맞지 않다. '침묵의 나선이론' 특정한 쟁점이 다수에게 인정되면 반대의 의견을 가진 소수는 고립에 대한 공포로 침묵하려는 경향을 말한다. 인터넷에선 침묵하지 않는다. 소수의 의견도 선택적으로 가짜뉴스를 만들어서 여론을 호도한다. 가짜뉴스가 '맞춤 뉴스'처럼 된다. 정치적 극단주의 집단들은 자신들의 신념에 부합하는 가짜뉴스를 수용하고 적극적으로 퍼트린다. 트위터, 카카오톡, 페이스북과 같은 소셜 미디어로 가짜뉴스를 퍼 나르다 보면 동조화 현상으로 가짜뉴스가 사회를 주도하게 된다. 이러한 가짜뉴스가 넘치게 되는 사회는 옳고 그름의 판단에 흐려지고 중요한 정보마저 내쳐버릴 위험성이 있다. 가치가 높은 양화는 사용하지 않고 가치가 낮은 악화만 통용되는 것처럼 은화가 금화를 몰아낸다는 '악화가 양화를 구축한다'는 말이 가짜뉴스에 그대로 맞다. 인터넷의 수많은 뉴스들이 양화인지 악화인지 알 수 없는 상황이 되었다. 우리 스스로 뉴스를 가려서 봐야하는 책임을 떠맡는 사회가 온 것이다.

인스턴트 커뮤니케이션의 사회적 공연

- 플래시몹 -

▸ **빅터 터너, 『인간 사회와 상징 행위』**

어떤 목적을 위해서든 의례가 제대로 수행되면 진정한 카타르시스가 발생하고, 사회적으로 필수적인 것을 바람직 한 것으로 만들어준다.

2003년 6월 3일 미국 뉴욕의 메이시 백하점 9층 매장에 100명이 넘은 사람이 한꺼번에 몰려 '사랑의 러그'love rug를 찾는다고 하고 사라진 일이 있었다. 최초의 플래시몹이다. 아무런 의미 없는 퍼포먼스로 사람들의 시선을 잠시 끌다가 사라진 사람들의 행동에 다들 의아해 했다. 2003년 8월 30일 저녁 서울 강남역 앞 횡단보도에 시계가 정각 6시를 가리킬 무렵 파란신호등을 보고 길을 건너던 사람들이 난데없는 고함소리에 순간 멈칫했다. 한쪽 길가에 무리지어 있던 사람들이 약속이라도 한 듯 90도로 허리를 숙이며 일제히 "안녕히 가세요! 건강하세요!", "어서오세요! 행복하세요!" 외쳐대기 시작한 것이다. 잠시의 외침 후에 아무 일 없다는 듯이 다시 차량과 인파가 내는 소음 속에 사람들은 사라졌다. 한국에 소개된 첫 플래쉬몹이었다. 플래쉬몹은 정해진 시간과 장소에 여러 사람이 아무런 의미 없는 행동을 하고 사라지는 문화적 행위로 처음에 등장했다.

플래쉬몹은 불특정 다수가 인터넷을 통해 정해진 시간과 장소에 모여 특정 행동을 하고 사라지는 퍼포먼스이다. 소셜 미디어가 이들에게 일종의 지침을 내리는 중요한 매개체가 된다. 플래쉬몹에 참여하는 사람들은 명문화된 규칙은 없으나, 나름대로의 지켜야 할 준수사항이 있다. ▶참여하는 사람의 익명성이 유지될 것 ▶행위 자체 외에 어떤 정치적, 경제적, 공익적 목적을 표방하지 말 것 ▶타인에게 피해를 주지 않을 것 ▶개인적 일탈을 하지 않을 것 ▶행위 이후엔 일반인과 같이 행동할 것 ▶누가 물어도 절대 플래시몹이라고 말하지 않을 것. 처음엔 이러한 플래시몹의 규칙들이 지켜져서 신선하게 느껴졌으나, 이벤트나 기념행사 또는 다양한 목적을 동반한 홍보 형식의 플래시몹이 등장하면서 성격이 달라졌다.

플래시몹은 특정한 사이트에 접속자가 급증하는 '플래시

클라우드'flash crowd와 사람들의 무리를 뜻하는 '군중'mob을 합쳐서 나온 용어이다. 라인골드는 첨단통신 장비로 무장한 군중들을 미래를 바꾸는 핵심세력으로 스마트몹이라고 소개했다. 이에 비해 인터넷을 이용한 군중임에도 플래시몹에 참가하는 사람들을 인스턴트 커뮤니케이션 시대의 저능아the idiot child of our instant-communication age로 보고 플래시몹에 대해 부정적 시선을 보내기도 한다. 그러나 플래시몹은 다양한 행위 방식인 멈춤, 퍼포먼스, 댄스, 음악 등의 유형으로 그 자체 문화현상으로 주목을 받는다. 플래시몹은 행위 방식에 따라 다음과 같이 구분된다.[6]

- 멈춤형- 광장이나 도로에 일정한 숫자의 사람들이 모여 정지된 행동의 자세로 유지한다.
- 댄스형- 음악에 맞추어 또는 음악 없이 모인 사람들이 군무를 펼치고 사라진다.
- 퍼포먼스형 – 일정한 행위나 동작을 일정한 시간 동안 동시에 수행한다.
- 연주회형-공개된 장소에서 여러 악기 연주자들이 모여 음악을 연주한다.

위의 행위 방식에서 보자면 플래시몹은 장소를 전제하고 있다. 컴퓨터 앞에 앉아 있는 사람을 컴퓨터 밖에 끌어내어 하나의 퍼포먼스를 이끄는 행동이다. 플래쉬몹으로 장소를 띄우기도 한다. 뉴욕의 도시 한복판, 서울의 강남 한복판처럼 플래시몹은 장소를 통해 의미를 갖는다. 장소의 의미는 장소에 대한 개인의 의도와 연관이 있다. 온라인 네트워크 활동은 비물리적 공간에서의 활동이다. 장소상실이라는 일상 활동에 플래시몹은 장소의미를 함께 도모한 특별 활동이다. 플래시몹의 문화적, 예술적 축제와 이벤트는 장소에서 이루어지는 연출이다. 장소가 가지는 고유성 보다 개인들의 체험에서 갖는 경험을 의미로 여기게 하는 것이 장소성에서 중요하다. 플래시몹은 장소와 이벤트가 함께 어우러져 감동을 준다.[7]

플래시몹의 영상을 기억하는 것에 참여자들의 퍼포먼스만이 아니라 장소도 함께 딸려온다. 2006년 런던 지하철공연, 2009년 벨기에 안트워프 중앙역 도레미송 플래시몹, 2010년 영등포 타임스퀘어 오페라 플래시몹은 모두 장소성의 힘과 함께 유튜브에 인기 있는 플래시몹이다. 플래시몹은 초기의 플래시몹과 달라졌다. 익명적인 사람들이 우연히 펼치는 공연이 아닌 의도적 목적으로 점점 변화하였다. 벨기에 안트워프 중앙역의 플래시몹은 뮤지컬 〈사운드 오브 뮤직〉

의 주연을 케스팅하기 위해 200명의 사람들이 연습한 후 광고의 일환으로 플래시몹을 시도했으며, 영등포 타임스퀘어 플래시몹은 오페라의 대중화를 위해 OTM 컴패니가 선보인 것이다.

플래시몹은 더 이상 익명적 관계에 바탕한 공연이 아니다. 의도된 목적에서 만들어지는 이벤트이다. 마이클잭슨을 추모하기 위해 플래시몹 추진위원회가 구성되어 서울 도심 한가운데서 선보이기도 하고, 방탄소년단의 팬 아미는 방탄소년단 플래시몹 이벤트를 자체적으로 개최하기도 한다. 플래시몹은 이제 하나의 문화행사처럼 되었다. 플래시몹은 민주화 시위나 노동운동의 퍼포먼스에 단골로 등장한다. 고등학생이나 대학생들의 예술 활동에도 자연스럽게 선보인다. 플래시몹은 일상에서 즐거움과 흥분을 주는 단편적 축제이자 사회적 공연이다. 사람들을 놀라게 하는 '몰래카메라' 방식과 불특정 다수의 군중들이 약속하듯 모이는 '황당한 연출' 방식의 공연은 일상 생활에서 무엇이 의례ritual인지 아닌지를 구분하게 만든다.

의례는 일상적인 삶에서 일어나는 행위와 분리되어 다양한 방법으로 표현되는 비일상적 행위이다. 인류학자이면서 사회학자인 빅터 터너는 이를 리미널리티liminality인 하나의 역치로 설명한다.[8] 일상적 행동과 의식적 행위의 분리로 사람들은 마치 카니발처럼 정상적인 생활에서 벗어난 축제와 같은 기간을 경험함으로써 사회 질서의 가치를 알게 되고 사회결속을 가져오게 된다. 질서가 깨져 사회성과 연대성이 조직화되지 못하는 때에 사회결속을 재구성하는 과정이 필요하다. 의례는 그런 때 중요하다. 플래시몹도 일상의 지루한 삶 속에서 던져주는 하나의 의례이다.

플래시몹은 같은 장소에서 상호작용을 위한 의례로 사람들의 감정을 몰입하게 만드는 사회적 공연이다. 상호작용을 위한 의례는 다음과 같은 조건이 있어야 한다. 같은 공간에 두 사람 이상이 있어야 하고, 공간의 내부와 외부의 경계가 있어야 한다. 나 이외의 다른 참여자도 나와 같은 관심을 쏟고 있다고 느끼게 하는 공통적인 관심의 초점이 있어야 하고, 공통적 분위기를 공유해야 한다. 플래시몹은 일상에서 잊었던 상호 관심을 공연을 통해 공유하게 만든다. 인스턴트 커뮤니케이션의 형식을 빌려 순식간에 만들어지는 공연이지만 사회구성원들을 리듬에 맞춰 몰입하게 하는 플래시몹은 평범한 일상 속에 다가오는 비일상이다. 일상적 삶의 평범함을 깨어주는 순식간의 공연은 지켜보는 것만으로도 신선한 경험이다.

게으른 활동의 쓸모
- 해시태그 -

▸ **제임스 서로위키, 『대중의 지혜』**

답은 천재가 아닌 대중의 손에 있다.

컴퓨터 자판기 3번 위에 시프트를 누르면 나타나는 해시기호 '#'은 소셜 네트워크 서비스, SNS의 새로운 마술사이다. 해시기호 '#'은 영미권에서 숫자를 가리키는 기호이다. 1970년대 컴퓨터 프로그래밍 언어에서 '#'은 우선적으로 처리해야 하는 명령어 앞에 붙여 사용되었다. 지금 해시기호 '#'은 인터넷의 SNS에 유사한 정보를 묶어 찾는데 유용하다. 해시태그는 해시기호 '#'를 써서 '게시물을 묶는다'tag고 해서 나온 말이다. 처음엔 정보를 묶어서 이용자들에게 편리하게 검색토록

하는데 도움을 주던 것이 이제는 정보검색, 마케팅, 사회운동 등 여러 용도로 쓰이면서 해시태그는 SNS에 중요한 기호로 발전했다.

해시태그는 2007년 처음으로 SNS에 등장하게 된다. 트위터내에서 수많은 메시지와 정보가 오가는 것을 주목하여, 트위터에 해시기호#를 활용하여 특정 주제를 묶을 수 있도록 하자는 제안이 나왔다. 이를 소셜 미디어 전문가인 스토 보이드가 블로그에 '해시태그=트위터 그루핑'이라고 글을 쓰면서 본격 시작되었다.[9] 해시태그는 주목을 끌고자 하는 단어 앞에 해시기호를 붙인다. 분류하거나 검색하고자 하는 키워드를 입력하는 것과 같다. 해시태그는 띄어쓰기를 하지 않는다. 띄어쓰기가 필요할 경우에는 언더바(_)를 사용하거나, 대문자로 대신한다. '#Do_you_know_hashtag' 나 '#DoYouKnowHashtag'처럼 띄어쓰기를 나타낼 수 있다.

해시태그는 초기에 그리 활발히 사용되지 않았지만, 2009년 이란의 반정부 시위#IranElection, 2010년 월스트리트 금융가 시위#OccupyWallStree 등을 통해 해시태그의 높은 사회적 활용도가 드러나게 된다. 트위터의 경우 특정한 문서를 작성할 때 주제어나 키워드 앞에 #을 붙이면 #붙인 단어는 색인화되어 트위터 검색에 나타난다. 사용자가 표시한 해시태그 키워드는 다른 사람이 검색하자마자 드러나는 실시간 트렌드에 오를 수도 있다. 실제로 해시태그는 트위터뿐만 아니라 인스타그램, 페이스북 등 글이나 게시물에 키워드를 달아 쉽게 노출시키는 기호로 사람의 생각을 읽고 동감하는 연결 단어 찾기에 매력적이다.

해시태그는 사회운동 참여에 큰 역할을 한다. 인터넷이 쌍방향적 의사소통의 특성을 가지고 있지만, 쉽게 하는 것으로 치자면 해시태그만한 것이 없다. # 뒤에 자신의 의견이 되는 단어를 입력하고 그에 해당하는 텍스트나 사진 등 콘텐츠를 올리기만 하면 된다. 자신의 의견을 적극적으로 어필할 수 있는 창구로서 큰 힘을 들이지 않는다. 2015년 1월 7일 프랑스 시사 주간지 〈샤를리 에브도〉의 풍자 만평에 불만을 가진 이슬람 극단주의 테러리스트들이 행한 테러에 해시태그운동이 일어났다. 해시태그에 '나도 샤를리이다'라는 '#Jusuischarlie'가 연이어 SNS에 등장하면서 표현의 자유를 지지하는 사람들과 테러로 희생된 피해자에 대한 추모의 연대 의미로 주목을 끌었다. 우리나라도 해시태그로 사회운동을 공론화하는데 적극 이용된 경우가 '#그런데_최순실은?'이었다. 2016년 최순실의 국정농단이 다른 이슈에 묻히지 않게 하려는 취지에서 해시태그를 적극 사용하였다.[10] 해시태그만으로도 사람들의 지지를 이끈 것이다.

해시태그는 마케팅에도 유용하게 쓰인다. 해시태그 사용자들이 자신의 개성과 취향을 해시태그를 통해 드러내면서 키워드로 실제 유행하는 트렌드를 읽을 수 있다는 점을 마케팅에서 적극 활용하게 된 것이다. 실시간 올라오는 해시태그 키워드는 소비자의 관심을 파악할 수 있고, 그에 맞게 다양한 이벤트를 열어 소비자들과 쉽게 소통하여 매출로 연결한다. 나이키 코리아는 한정판 신발을 판촉하면서 구매자들에게 해시태그 달기 '#에어맥스줄서기' 마케팅으로 재미있는 소비문화를 보여주었다. 물량이 많지 않은 신발을 구매하기 위해 아침부터 줄서는 사람들에 착안하여 인스타그램에 해시태그로 모습을 올리게 한 것이다. 인스타그램에 다양한 줄서기의 모습이 즐거움과 흥미를 유발하면서 동시에 홍보에도 한 몫한 셈이다. 가구업체 이케아IKEA는 카탈로그의 활용도를 높이고 홍보도 함께하기 위해 해시태그를 적극 이용했다. 카탈로그 속에 가장 갖고 싶은 제품을 해시태그로 올리면 추첨으로 그 제품을 경품으로 준다는 마케팅으로 4주 만에 카탈로그의 모든 제품이 SNS에 노출되는 성공을 거두었다. 해시태그는 즐거움을 주면서 마케팅을 활용하는 손쉬운 기호이다.[11]

그러나 해시태그는 정보의 질과 정확성에 문제들이 노출되었다. 인스타그램에는 해시태그를 통한 불건전한 정보가 유포되고 단순한 검색에도 상관없는 음란물이 올라오기도 한다. 생각하지 않고 쉽게 올리는 키워드가 실제 정보와 다를 수 있으며, 일부 음란물의 경우 글자 몇 개와 단어만 바꾸어 규제되는 단어를 피할 수 있어 불법광고 등에 쉽게 이용된다. 너무 쉬운 해시태그 달기와 순식간에 전파되는 속도가 이 같은 문제를 낳는다. '#'만 붙이면 짧은 시간에 핫이슈를 만들어 공유하고 확산할 수 있다. 여기에 해시태그만큼 편한 도구는 없다. 생각 없이 해시태그를 달거나 불건전한 내용을 올리는 것도 문제지만 너무 쉽게 해시태그를 이용하면서 해시태그 운동은 게으른 참여라는 비판을 받기도 한다.

이처럼 해시태그를 통한 사회참여는 잘못하면 게으른 참여로 일종의 슬랙티비즘slacktivism처럼 보일 수 있다. 슬랙티비즘은 게으른 사람을 의미하는 슬랙커slacker와 행동주의 또는 활동을 뜻하는 액티비즘activism의 합성어로 소심하고 게으른 저항을 말한다. 덧붙여 슬랙티비스는 온라인 공간에서 치열한 토론을 벌이면서도 막상 실질적인 정치나 사회운동에는 참여하지 않는 네티즌을 비꼬는 말이다. 해시태그는 실제 적극적인 사회활동을 필요로 하지 않는다. 그저 인터넷을 통한 의사표현으로 여러 사람의 주목을 끌게끔 자기표현을 몇 개의 주제어로 표시할 뿐이다. 슬랙티비즘은 사회의 변화를 위해 실제 집단 행동이 필요한데도 불구하고 단지 인터넷의 의사표현만으로 소임을 다하려는 안이한 태도에 대한 경멸적인 의미에서 나온 것이다. 동일본 대지진때의 경우, 생각을 가진 사람들이 인터넷에 달라붙어 다양한 캠페인을 시도했지만 현실에는 큰 효과를 보지 못했다. 소셜 네트워크에서는 생각만큼 사람들의 행동을 이끌지 못하는 한계를 보였다. 단순한 자기만족적인 모습만을 보이고 그쳤다.[12]

해시태그는 여러 정보를 자신의 관심에 따라 표현한다. 해시태그는 실천적 행동으로 뭔가를 보여주는 것이 아니라 손가락 몇 번의 움직임으로 자기 만족을 위한 표식정도가 고작일 수 있다. 해시태그의 키워드로 특정한 관심에 연결된 사람들은 '약한 결속'이다. 실천적 집합 행동을 당장 기대하기는 어렵다. 자기 만족에 그치는 소극적 모습이 사회운동가들의 눈에는 슬랙티비즘인 것이다. 그러나 해시태그는 생각의 힘을 모은다. 자신의 관심을 여럿이 함께 모으는데 기여한다. 더구나 직접적인 이익을 기대하지 않는 작은 관심들이 퍼지고 연결되면서 큰 힘을 이루는 것이 해시태그이다. 특정한 관심을 혼자 써버리면 쓸모가 없지만, 함께 모으고 공동의 생각으로 이끌면 그 자체 힘으로 작동한다. 자신의 생각을 어떻게 써야할지 모를 때가 있다. 그러나 특정 이슈가 생길 때, 무언가 도움이 될 만한 일을 해야 한다고 생각할 때 그 생각을 모으는 일에 해시태그는 제 몫을 한다.

해시태그를 슬랙티비즘으로 보는 것은 섣부르다. '약한 결속'이 '강한 결속'으로 변모하여 행동으로 보인 '아랍의 봄'은 트위터로 전파되었다. '아랍의 봄'은 튀니지에서 시작하여 중동 및 북아프리카의 여러 혁명을 도미노처럼 일으켰다. 이들 혁명의 성공은 해시태그를 사용한 소셜 미디어로 세계의 관심을 끌었기 때문이다. 해시태그는 각각의 사람들 관심을 한 곳으로 모아 강한 결속을 이끄는 잠재적 힘을 발휘한다. 뉴욕대학 교수 클레이 셔키Clay Shirky는 "많아지면 달라진다"는 말로 주목을 받았다. 한 사람에겐 작은 잉여시간이지만 전 세계 잉여를 모두 합치면 엄청난 사회적 자원으로 그 영향력이 막대할 것이라고 주장했다.[13]

자신의 관점에 따라 내세운 정보가 해시태그의 키워드에 담겨 다른 사람들과 연결되어 전 세계를 하나의 집합적 생각으로 공유하는 새로운 대중이 만들어진다고 생각해보자. 잠재적 영향력은 엄청날 것이다. 집단이 만든 힘은 놀라운 결과를 만든다. 의식 있고 정의로운 생각을 갖고 있다 하더라도 우리는 쉽게 동조하지 못할 때가 있다. 해시태그는 작은 손놀림으로 동참을 이끈다. 해시태그는 사람들의 생각을 쉽게 끌어들인다. 해시태그는 게으른 활동이지만 아주 쓸모가 있다. 해시태그를 통한 작은 관심이 전 세계로 연결된다면 세상을 바꾸는 힘이 될 수 있다.

협력의 연금술이 낳은 기부
- 크라우드 펀딩 -

▸ **하워드 라인골드, 『스마트몹』**

영리한 군중을 구성하는 사람들은 서로 알지 못하더라도 조화롭게 행동할 수 있다. 영리한 군중을 구성하는 사람들은 이전에는 결코 가능하지 않았던 방식으로 협력한다.

"사람들이 한 번도 직접 만나 본 적이 없는 다른 사람들과 계속해서 정보를 나눠 갖게 된 가상 공동체로부터 우리는 과연 무엇을 얻을 수 있는가?" 〈스마트몹〉을 쓴 하워드 라인골드가 던진 질문이었다.[14] 네트워크를 통해 더 많은 양의 지식과 사교의 기회를 인출한다는 것이 답이었다. 그러나 이제 네트워크는 자금줄이 된다. 사회 네트워크 자본인 지식 자본과 친교 관계로 인한 인적 자본을 네트워크의 성과물로 생각했던 것을 넘어, 온라인 네트워크는 모르는 사람으로부터 투자나 대출을 얻을 수 있는 펀딩의 수단으로 기능한다. 라인골드가 생각했던 20년 전만 해도 생각지 못했던 부분이다. 웹이나 모바일 네트워크를 통해 다수의 개인으로부터 후원, 기부, 대출, 투자 등의 목적으로 자금을 모으는 것이 가능해졌다. 크라우드 펀딩은 온라인 기부 서비스 중 하나이다. 기존의 온라인 기부 문화로 '네이버 해피빈'. '다음 희망해' 등 인터넷을 이용한 경우가 있었다. 하지만 크라우드 펀딩 서비스는 온라인을 기반으로 생성되고 이루어지는 새로운 개념의 온라인 기부 문화로 서로 모르는 사람에게 투자도 함께 이루어지는 협력 모델이다.

소셜펀딩이라고 불리기도 하는 크라우드 펀딩crowd funding은 군중을 뜻하는 영어 단어 '크라우드'crowd와 자금을 모은다는 뜻의 '펀딩'funding이 합쳐진 말이다. 즉 여러 사람들이 모여 자금을 마련한다는 뜻으로 정의할 수 있다. 소셜 네트워크 서비스를 이용해 소규모 후원이나 투자 등의 목적으로 인터넷의 플랫폼을 통해 다수의 개인들로부터 자금을 모으는 행위이다. 쉽게 이야기 하면 인터넷에서 벌어지는 '십시일반'十匙一飯으로 모금기간 내 여러 사람들이 돈을 모아 후원하고, 금액을 달성할 시 이를 전달받아 사업, 혹은 프로젝트 진행에 이용하게 된다.

스마트폰과 같은 기술의 발전은 손쉽게 SNS에 접근하게 하고, 사회 문제를 공론화하거나 이슈에 대한 지지를 빠르게 진행하도록 만든다. 크라우드 펀딩도 특정 이슈를 프로젝트화 하는데 있어 자금동원을 다수의 개인들로부터 순식간에 할 수 있게 한다. 크라우드 펀딩 서비스는 2008년에 미국의 '인디고고'indiegogo 사이트에서 시작되었다. 2009년 오픈한 미국의 '킥스타터'kickstarter는 영화, 음악, 만화, 게임 등 다양한 분야의 프로젝트 투자를 성공적으로 유치하여 세계적인 규모의 크라우드 펀딩 사이트가 되었다. 우리나라도 크라우드 펀딩 사이트가 많이 생겨났다. '와디즈'wadiz는 가장 트렌디한 상업적 펀딩 사이트이며, '오마이컴패니'ohmycompany는 국내 농산물과 관련한 사업에 런칭한다. '텀블벅'은 국내에서 성공한 펀딩 사이트로 문화예술 분야 펀딩을 주로 하면서 최대 후원금을 기록하기도 했다.

크라우드 펀딩 사이트는 투자 분야별로 특성을 지니고 있다. 각 투자 사이트는 분야에 따라 활발히 자금 투자의 창구 역할을 하면서 투자자와 창업자를 연결시켜주고 있다. 〈그림 4-1〉은 크라우드 펀딩의 개념을 도식화시킨 것이다. 1인 창조기업, 벤처기업, 문화 · 예술 · 과학인 등으로 정의되는 제안자가 크라우드 펀딩 사이트에 프로젝트를 제안함으로서 크라우드 펀딩 프로젝트가 시작된다. 크라우드 펀딩 사이트, 혹은 제안자는 트위터 · 페이스북 등 SNS에 제안 내용을 알리고 홍보하며 SNS 이용자나 기존 프로젝트 지지층 등은 크라우드 펀딩 사이트를 통해 투자를 하게 된다. 크라우드 펀딩 목표 금액을 달성하면 제안자에게 투자 금액이 전달된다. 크라우드 펀딩 사이트 유형에 따라 성과 수당을 투자자에게 일정 금액 배분해주기도 하고 감사의 리워드를 제공하기도 한다.

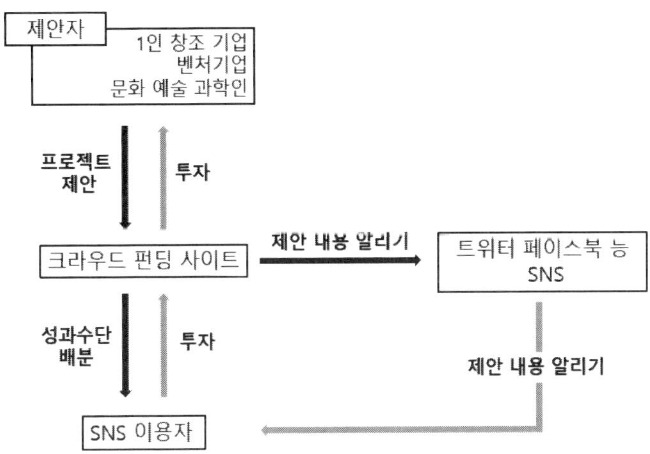

〈그림 4-1〉 크라우드 펀딩 진행 과정

크라우드 펀딩 사이트는 그 성격에 따라 크게 대출형, 투자형, 후원형 세 가지로 규정된다.

▶ 대출형은 기존의 금융업과 유사한 유형으로 마이크로 크레딧 대출의 형태를 띤다. 자금이 필요한 기업이나 개인에게 일정 금리를 조건으로 자금을 대출해주는 방식이다. 크라우드 펀딩 플랫폼과 제안자, 즉 대출자는 이자율을 결정한 후 캠페인을 게시하고 사람들에게 대출을 받는 P2P 금융의 형태로 정의된다. 신생벤처기업이 주로 이용한다. ▶ 투자형은 대출형처럼 이자를 받는 것이 아니라, 투자한 금액에 따라 수요자가 수익을 냈을 때에 지분만큼의 금액을 보상받는 방식이다. 신기술을 보유한 업체나 소자본 사업에게 에인절 투자 방식의 자금 지원이다. ▶ 후원형은 일반적인 개인들에게 많은 지지를 받는 유형으로 대가 없이 투자를 하거나 혹은 대가도 금전적인 것이 아닌 형태로 보상받는 투자 형태이다. 애초에 금전적 보상이 목적이 아니어서 프로젝트의 투자자라기보다 후원자가 되어 그 후원에 대한 보상을 나중에 이름으로 명시하거나 상품권이나 관련 기념품으로 대신한다.

크라우드 펀딩은 후원형의 경우 단순한 아이디어 제품뿐만 아니라 문화, 예술, 사회적 후원 등 다양한 분야에서 이루어진다. 아이디어 제품으로 초기에 가장 성공한 것은 미국 '킥스타터'의 모금으로 빛을 본 스마트폰 연동 시계인 스마트워치 '페블'pebble이었다. '페블'시계는 스마트폰과 연동하여 다양한 기능을 탑재하였고, 화면 역시 스마트폰의 앱app으로 설정할 수 있게 하여 주목받았다. 2012년 프로젝트 모금이 노출된 당시 이러한 아이디어 상품이 전무후무한 상황에서 당초 10만 달러라는 목표치를 2시간 만에 넘겼고 최종 모금액은 1,027만 달러약 108억원에 이르러 많은 화제가 되었다. 총 후원자 수는 6만 8천여 명이나 되었다.

영화에서도 크라우드 펀딩으로 투자가 일어나고 있는 경우가 있는데 주로 투자를 받지 못한 영화들이나 독립영화들이 이용되고 있다. 대표적인 일례로 강풀의 웹툰을 원작으로 한 영화 '26년'은 정치적인 사건을 다루었다는 이유로 대기업의 투자를 받기 어려웠고 이에 따라 제작에 많은 난항을 겪었다. 네티즌들이 십시일반으로 후원하여 총 1만 5천여 명으로부터 7억여 원을 모아 영화 제작은 성공할 수 있었다. 문화 분야 중에서 운동선수에 대한 후원은 '박태환 국민 스폰서' 프로젝트가 대표적이다. 박태환 선수의 경우에는 2013년 스폰서가 없어 훈련에 어려움이 있었지만, 크라우드 펀딩 사이트를 통해 금액이 마련되어 성공적인 훈련을 할 수 있었다. 사회적 후원으로 세월호 사건, 일본 위안부 피해자를 기리는 인권센터 건립 모금 프로젝트 등도 성공적으로 진행된 사례이다.

그동안의 기부가 각종 사회단체에서 주도하는 일방적인

모금이었다면, 크라우드 펀딩은 인터넷으로 연결된 현명한 군중들의 능동적 참여와 협력의 모금 방식임을 보여준다. 2019년 크라우드 펀딩 플랫폼에 투자금액으로 모인 돈은 3천 100억 원으로 2018년의 1천300억 원의 두 배 이상으로 성장했다. 2020년에 1조원이 될 것으로 전망하고 있다.[15] 라인골드의 말처럼 휴대폰으로 무장한 새로운 군중은 똑똑한 투자로 어려운 사업자나 창업자에게 희망을 주는 행동에 앞서가고 있다. 온라인 기부 사이트인 '네이버 해피빈'이나 '다음 희망해'와 달리, 크라우드 펀딩은 사회 문제만이 아니라 각종 프로젝트에 세밀하게 접근하여 서로 알지 못하는 사람들에게 투자하여 빛을 발하는 연금술이다. 협력으로 세상을 바꾸는 인터넷의 힘이 투자에서 발생한다. 크라우드 펀딩은 투자 방식과 기부 방법을 새롭게 동원한 인터넷이 만든 후원 문화이다.

브리태니커보다 정확한 위키백과
- 집단지성 -

▶ **피에르 레비, 『집단지성』**

지식의 공간 프로젝트는 "나는 생각한다 고로 존재한다"를 일반화시켜 "우리는 함께 집단 지성을 이룬다, 고로 우리는 뛰어난 공동체로서 존재한다"에 이르게 하는 새로운 휴머니즘을 부른다.

1996년 〈보미스〉Bomis라는 인터넷 회사가 미국에 설립되었다. 보미스의 주요 사업은 보미스닷컴 검색 포털의 광고 판매였다. 보미스는 이용자들이 스스로 기획, 전시, 관리하도록 하여 협업 생산의 가능성을 실험했다. 이용자들이 빠르고 저렴하게 정보를 공유한다는 사실을 알게 된 설립자는 이러한 협업을 다른 영역에도 적용할 수 있겠다고 생각했다. 이 회사의 설립자가 바로 위키피디아를 만든 지미 웨일스였다. 위키피디아는 2001년 지미 웨일스Jimmy Wales와 래리 생거

Larry Sanger가 만든 무료 온라인 백과사전이다.[16] 위키백과의 가장 큰 특징은 누구나 편집과 관리에 참여할 수 있다는 점이며, 인터넷을 통해 글을 고칠 수 있는 체계로 만들어져 개방성과 참여성을 극대화한 집단지성을 고스란히 보여준다. 불특정 다수가 협업을 통해 직접 내용과 구조를 수정할 수 있는 강점은 백과사전을 성공으로 이끌었다.

집단지성의 출발 명제는 지식이란 사람들이 알고 있는 것에서 나오는 것이며, 초월적 지식은 없으며, 지식은 사람 가운데서 나온다. 결국 지식 전체는 인류 안에 있다는 것이다. 이러한 명제를 내세워 집단지성을 앞서 탐구한 사람은 프랑스 사회철학자 피에르 레비Pierre Levy였다. 레비는 집단지성이란 어디에나 분포하며, 지속적으로 가치 부여되고, 실시간으로 조정되며, 역량의 실제적 동원에 이르는 지성이라 했다. 집단지성은 지속적으로 재평가되고 실시간 조정되고 동원되는 지성을 말하며, 지식의 공간에서 구성원들이 성장하고 구별되며 상호 부양하는 과정이라고 보았다.[17] 위키피디아는 이러한 집단지성을 잘 이용한 결과이다. 컨텐츠 이용자들의 자발적 참여로 끊임없이 문서가 수정된다. 이용자간 소통으로 관심사를 공유할 수 있도록 커뮤니티 공간도 제공한다. 협업을 바탕한 위키피디아의 성장은 멈추지 않고 있으며 지금도 수록된 글과 유저 수 모두 꾸준한 성장세를 유지한다.

집단지성의 위력은 네이버지식iN에서도 같은 원리로 작동한다. 2002년 2월 정식 서비스를 시작한 지식iN은 이용자가 올린 질문이나 궁금한 내용, 고민에 대해 다른 이용자들이 응답하면서 지식을 주고받는다. 응답하는 사람들 가운데 변호사, 의사 등 전문가들이 나서게 되면서 신뢰도를 높이고 있다. 2019년 6월 기준 누적 답변자수가 3억2천5백만 개를 넘어섰다. 다수가 협력하여 얻게 되는 지적 능력의 결과로 얻어진 집단지성은 인터넷이라는 미디어도구를 통해 개개인의 창조 및 공유 능력을 유례없는 차원으로 합치고 있다. 집단지성은 맹목적이고 자동적인 공동행동과 다르기 때문에 전체주의와 구분된다. 유동적인 관계에서 조정을 통해 꾸준히 재평가되는 행동방식이라는 것이 집단지성의 요체이다.

캐나다 컨설팅회사의 CEO인 돈 탭스코트와 앤서니 윌리엄스도 〈위키노믹스〉2006에서 집단지성을 강조한다. 위키노믹스는 위키백과의 위키와 경제학을 뜻하는 이코노믹스를 합친 신조어로 대중들의 지성과 지혜를 바탕으로 협업이 중심이 된 비즈니스가 부상하고 있다고 주장한다.[18] 이보다 앞서 2004년 〈대중의 지혜〉를 쓴 제임스 서로위키는 우리가 갖는 불완전한 판단을 합쳐서 집단의 지적 능력을 이끌면 놀라운 결과를 갖는다고 했다. 우수한 한 명의 직감보다는 덜 우수한 여러 명의 직감을 조합하면 더 우수한 결과를 낳는다는 이론은 답은 천재에게 있는 것이 아니라 대중의 손에 있다는 집단지성의 이론을 뒷받침한다.[19]

그런데 문제가 있다. 위키피디아나 네이버 지식iN이 아무리 많은 정보로 사람들의 지식욕구를 채워준다 하더라도 내용의 질이 좋지 않으면 아무 소용이 없다. 집단지성의 신뢰성과 오류를 어떻게 잡아낼 것인가 하는 문제가 뒤따른다. 위키피디아에 오랫 동안 문서오류의 사례로 거론되는 것이 〈USA 투데이〉 편집장 존 시겐설러가 존 F 케네디 암살 사건에 연루되었다는 거짓 정보였다. 엉터리 같은 글이 도배되지 않을까 하는 불신과 염려가 제기될 수 있다. 이러한 비판적 의견에 핵심적 답은 "절대 그렇게 될리 없다"는 것이다. 생거가 쓴 글에서 해답의 일부분은 그룹 편집에 있다고 밝혔다. 위키피디아에는 일반 대중들의 끊임없이 검토가 진행되고 있으며 그 과정에서 엄청난 가치가 창출된다고 보았다. 또한 위키피디아 자체가 소프트웨어가 아니라 소프트웨어를 사용하는 커뮤니티 차원으로 유저들은 거기서 조율한다는 사실이다.

네이버 지식iN의 경우도 게시되는 질문이나 답글 가운데 장난글이나 광고글이 많이 있다. 신뢰도를 높이기 위해 오픈

사전이나 일반 Q&A와 달리, 전문 Q&A를 두어 분야별로 전문가가 답변할 수 있도록 업로드 자격에 제한을 두고 있다. 이용자의 질문에 업로드는 자격 있는 본인만 할 수 있으며 다른 사람이 수정할 수도 없어 개방성에서 떨어진다. 위키백과는 정보제공을 통해 공익에 기여한다는 정신적 만족감을 보상으로 하지만, 네이버지식iN은 자본논리에 근거한 전문가지수로 보상을 하는 게 다른 점이다.[20]

집단지성은 협업을 통한 집단적 능력으로 자발적 참여를 발판으로 한다. 개체적으로 미미하지만 집단적으로 능력 범위를 뛰어넘는다. 이 같은 능력을 오래전 영국의 네이처2005년에서 브리태니커 백과사전과 위키 백과를 비교했다. 난해한 과학기사 42개를 평가 리뷰한 결과 정확도 수준이 크게 차이 나지 않는다는 것이었다.[21] 지금은 위키백과가 훨씬 정확하게 정보를 담고 있을 것이다. 위키피디아의 편집된 내용은 언제든 바뀔 수 있다. 바뀌어서 나빠진 부분이 있다면 수정되면서 곧 제거되기 때문이다. 위키백과의 지식은 결과물이 아닌 과정이다. 업데이트를 거듭하면서 지식의 질이 평균적으로 좋아진다.

집단지성이 되기 위한 조건이 있다. 집단에 참여하는 개인들의 다양성과 독립성이 보장되어 집단에 동화되지 않는

뚜렷한 개성을 갖도록 해야 한다. 집단에의 참여를 자유롭게 하는 개방성도 중요하다. 문제를 해결하는 방식에 있어서도 한 곳에 집중되어 있지 않는 분산화가 필요하다. 그러나 무엇보다 중요한 것은 분산된 지식과 경험이 공유될 수 있는 시스템이 있어야 한다. 위키백과나 네이버 지식iN은 경험을 공유하는 시스템으로 기능하고 있다. 집단지성은 소프트웨어 혹은 하드웨어의 제작자 권리를 지키면서 원 코드를 누구나 열람케 하는 '오픈 소스'에도 해당된다. 대중crowd과 아웃소싱outsourcing의 합성어인 '크라우드소싱' 역시 기업 활동의 일부를 대중에게 참여시키는 것으로 불특정 다수에게서 아이디어를 얻는다는 점에서 집단지성의 형태이다.

인터넷으로 연결된 대중은 조직 없이 조직된 대중이지만 그 힘은 근본적 변화를 일으킨다. 뉴욕대 교수인 클레이 셔키는 오늘날 사회는 그럴 듯한 약속과 적절한 도구, 수용 가능한 합의만 있다면, 위력적인 집단행동의 능력을 발휘하는 세상이 될 정도로 진화했다고 주장했다.[22] 여기에 인터넷에 연결된 대중은 중요하다. 인터넷으로 서로 연결된 끌리고 쏠리고 들끓는 조직 없이 조직된 대중의 힘을 본 것이다. 한 개인의 영역이라 하더라도 협업이 필요한 경우가 많다. 바티칸의 시스티나 예배당 그림도 미켈란젤로가 조수에게 그리게 했고,

토마스 에디슨의 발명도 20여명의 직원을 두고 이룬 것이라는 주장과 비교할 바는 아니지만 집단지성은 오로지 인터넷이라는 플랫폼에서 작용하는 협력에서 나온다.

제5장

관계 속의 불균형

테크놀로지로 낭만적 사랑이 가능할까?
- 소셜 데이팅 -

▸ **앤서니 기든스, 『친밀함의 변화 – 성, 사랑, 에로티시즘』**

오늘날 사랑은 친밀함이 발전하는 만큼 그리고 파트너 각자가 상대에게 자기 관심과 욕구를 드러내고 서로에게 민감해질 준비가 되어 있는 만큼, 그만큼씩만 발전한다.

낭만적인 사랑은 18세기 후반 들어 발달했다. 정열에 불타는 강박적 성애가 아니라 여성들의 사랑에 대한 자기 결정권이 신장되면서 생겨난 사랑이다. 사람들은 낭만적 사랑에 기반 한 존경심과 정열에 불타는 성애sexuality 사이의 괴리를 결혼과 연애로 분리시키고 있다. 사회학자 기든스는 오늘날 낭만적인 사랑은 파편화되어 융합적 사랑confluent love이 그 자리를 차지한다고 보았다.[1] 융합적 사랑은 두 사람의 과거 정체성을 인정하고 미래를 위한 사랑의 유대를 공유하여 새로운 정체성을 협상해 가는 사랑을 의미한다. 사랑의 본질이 목적적으로 변한 것이다. 목적적 사랑은 두 사람의 정체성이 다르다는 것을 인정하고 각각 자아발전을 최우선으로 하면서 헌신을 요구하지 않고 선택의 자유를 존중하는 사랑이다.

목적적 사랑은 어떤 상대와 얼마나 자주 성적 결합을 가질 것인가에 대한 자유 재량권을 확보하는데서 나온다. 자유 재량권은 출산의 공포로부터 해방시켜주는 피임법과 이성과의 만남에 대한 선택지를 넓혀주는 것으로 플라스틱 성애 plastic sexuality를 발달시킨다. 플라스틱 성애는 적극적인 취사선택을 감행할 수 있는 사랑의 파트너를 정하고, 육체적 성경험과 출산 행위를 철저히 분리한다. 목적적 사랑은 플라스틱 성애를 바탕으로 한다. 소셜 데이팅은 이러한 목적적 사랑에 적합하다. 결혼의 부담에서 자유로우면서 사랑을 먼저 찾게 되는 오늘날 소셜 데이팅 서비스가 큰 인기를 끌고 있다. 능동적이고 우발적인 사랑에 안성맞춤이다.

소셜 데이팅은 스마트폰 앱이나 SNS를 통해 특정한 조건을 내걸고 연결하는 이성과의 만남이 이루어지는 서비스이다. 온라인 데이팅 서비스가 발전된 형태로 페이스북이나 트위터 등 SNS를 기반으로 한 것도 있지만 전문적인 앱이 등장하면서 소셜 데이팅 서비스가 활성화되었다. 온라인 모바일을 생활 기반으로 하는 젊은 세대들의 자유로운 연애를 추구하는 경향에 맞추어 소셜 데이팅의 인기는 점점 높아지고 있다. 앱애니가 발표한 모바일 현황 보고서에 따르면 2019년 한국에서 가장 많은 매출을 일으킨 앱 중에 소셜 데이팅 앱이 3개나 차지했다.[2] 소비자 지출 10위권 차트에 오른 앱 중 소셜 데이팅 앱은 '아자르'6위, '위피'7위, '심쿵'10위이다. 아자르는 영상채팅 앱이고, 위피는 '동네친구 사귀기'앱으로 유명해졌으며, 심쿵은 '시크릿 파티'라는 회원 전용 서비스로 회원을 모았다. 소셜 데이팅 앱은 전세계적으로 성장하고 있다. 2012년부터 구글플레이를 통해 17억 건의 데이팅 앱 다운로드가 발생했고, 2019년 기준으로 전세계 스마트폰 사용자가 데이팅 앱에 쏟은 돈은 무려 2조5천억 원이나 됐다. 2019년 미국 앱 시장에서 소셜 데이팅 앱 '틴더'가 매출로 유튜브에 이어 2위를 차지했다.

국내에서 소셜 데이팅 서비스는 2010년 4월 베타서비스를 오픈하면서 시작한 '이음'이 시초였다. 1990년대 말 '하늘사랑'이나 '세이클럽'과 같은 채팅 서비스가 있었으나 비즈니스만을 앞세운 서비스와 남녀 간의 비율 불균형 등이 문제되면서 흐지부지 되었다. 더구나 온라인을 통해 이성을 만난다는 것 자체가 외설로 느껴지는 사회 분위기 탓에 성공할 수 없었다. 그러나 2010년대 들어 소셜 네트워크 서비스도 '소셜 커머스', '소셜 게임' 등 다양한 양식의 비대면 커뮤니케이션이 활성화되면서 온라인 데이팅 서비스는 자연스럽게 받아들여졌다. 소셜 데이팅 서비스 '이음'은 매일 낮 12시 30분 2030 싱글남녀에게 24시간 동안 유효한 이성을 소개해준다는 컨셉으로 시작했다. 소개팅 상대가 마음에 들면 'OK'를 선택해 호감을 표시한다. 호감표시를 위해 일정 금액1회 비용 3천3백원의 비용을 지불하게 하면서 온라인 데이팅 서비스는 유료 컨텐츠 사업으로 성장할 수 있었다.

소개를 위한 컨셉을 조금씩 달리하는 소셜 데이팅 앱이 등장하면서 소셜 데이팅 서비스는 빠르게 확대되었다. '정오의 데이트' 앱은 이름에서 알 수 있듯이 매일 12시에 이성을 소개시켜준다. '이음'과 다르게 한 번에 두 명의 이성 프로필이 도착하는데 대표 사진과 이성의 프로필을 보고 두 명 중에 선택하게 한다. 프로필 열람에 유료 아이템 캔디를 쓰는 방식의 서비스이다. '아만다' 앱의 경우는 '아무나 만나지 않는다'라는 컨셉으로 시작한 온라인 데이팅 서비스로 이름처럼 가입 절차를 까다롭게 했다. 기본적인 프로필과 이상형을 설정하는 것은 다른 소셜 데이팅 서비스와 비슷하나 가입 시 필수적으로 3장의 사진을 올리고 기존 회원 30명으로부터 평가를 받는 것이 특이하다. 대부분의 소셜 데이팅 앱은 나름대로의 가입 절차와 운영방식을 특징으로 내세우지만 크게 벗어나진 않는다. 5년 전인 2015년에 한국소비자원에서 발표한 자료에 국내 소셜 데이팅 서비스 업체의 수는 170개를 넘었다. 지금은 그보다 훨씬 많을 것으로 전망된다. 구글플레이 앱 검색창에 소셜데이팅을 검색하면 100만건 이상의 다운로드한 앱 만해도 종류가 엄청나게 많다. 미국의 웹진 '와이어드'Wired는 데이트 상대를 오프라인으로 찾는다는 발상 자체가 어리석은 일이 될 것이라고 오래전에 예측한 적 있다. 이제 이것이 현실화되고 있다.[3]

사랑은 신뢰에 기반한 정서적 친밀감에서 출발한다. 이성의 파트너가 상대를 위한 배려와 욕구를 얼마나 표현할 준비가 되어 있느냐에 달려있다. 사랑은 상대방의 반응에 따라 좌우된다. 박애주의자라면 몰라도 혼자만의 사랑은 없다. 낭만적 사랑은 그나마 목적적 사랑보다 순수한 면이 있다. 순수한 관계는 사람마다 다르지만 상대방을 수용함으로써 자신의 삶에 의미가 있고 그 사랑에 대한 혜택이 있다고 인지할 때 가능하다. 순수한 관계를 선택하면 상대방과 함께 삶의 동반자가 된다. 소셜 데이팅 서비스는 기본적으로 상대를 확인하는데 어려움이 있으며 신뢰의 확보가 쉽지 않다. 한국소비자원에서 소셜 데이팅 서비스와 관련한 2015년 조사한 내용에 따르면 이용자의 38.4%가 타인에게 공개되는 자신의 프로필을 허위로 입력했다고 응답했다. 허위 정보 가운데 '외모'가 19.0%로 가장 많았다. '직업'과 '성격' 또는 '취향'이 15.4%, 학력 12.4% 순이었다. 외모를 허위로 입력한 경우, 절반 이상이 본인을 확인할 수 없는 사진이나 연예인, 꽃, 동물 등을 등록하고 프로필 심사를 통과했다고 답변했다.[4]

소셜 데이팅 서비스는 순수한 관계를 기대하기 어려운 서비스이다. 순수한 관계란 상대를 배려하고 아낌없이 주는 헌신이 가능한 친밀함의 바탕에서 나온다. 소셜 데이팅 서비스를 통해 만나는 상대와 친밀함을 가지려면 우연적 사랑에 시간을 들여 신뢰를 가져야 한다. 소셜 데이팅 서비스는 신뢰가 가장 큰 문제이다. ▶ 익명적인 출발 ▶ 제한적인 비언어적 단서 ▶ 시공간의 무제약성은 소셜 데이팅의 특징으로 신뢰 갖기를 어렵게 한다. 소셜 데이팅은 직접적인 접촉이 아닌 간접적인 접촉으로 신분을 그대로 노출하지 않는다. 자신이 알리고 싶지 않은 부분은 굳이 드러내지 않고, 상대가 알아주었으면 하는 부분만 최대한 부각하는 선택적 자기표현selective self-representation을 하게 된다. 선별적으로 제시한 단서만으로 상대를 이해하고 받아들여야 한다.

소셜 데이팅은 상호작용의 수단으로 비언어적 신호를 사용하는 것이 쉽지 않다. 커뮤니케이션 과정에서 감정적 표현, 의견 및 신체적 수단을 동원하기 어렵기 때문에 애매한 메시지의 부정확함이 커져서 상대를 파악하는데 제한적이다. 텍스트에 의존한 개인적인 능동적 커뮤니케이션으로 소통하게 되면서 자기중심적인 대화로 이끌 수 있다. 온라인 사랑은 서로를 이해하는데 어려움이 있다. 소셜 데이팅은 네트워크에 기반한 것으로 시간과 공간의 제약으로부터 자유롭다. 지역적 근접성으로 오프라인 만남의 기회를 중요하게 생각한 이전과 달리 실제 만남보다 온라인에서의 상호작용에 의존한다.

소셜 데이팅은 시간이 지남에 따라, 정서적 유대감을 쌓는 게 아니라, 자신의 자유 재량권으로 만든 사랑이어서 약한 유대관계로 유지될 가능성이 있다. 따라서 지속적인 관계를 계속하기엔 여러 노력들이 필요하고 작은 오해에도 쉽게 깨어지는 수가 있다. 결국 인터넷으로 생긴 소셜 데이팅이 성적 매력이나 낭만적 사랑에 기반 한 상대 선택이기 보다, 조건에 부합하는 취사선택의 감행으로 만들어진 목적적 사랑이다. 기든스는 과거 낭만적 사랑은 권력 면에서 철저히 비대칭적이었지만 오늘날 사랑은 '기브 앤 테이크'의 조건으로 평등을 선취하는 것으로 보았다. 소셜 데이팅 서비스는 이러한 조건에 따른 합리적 사랑에 부합한다.

의심 없는 옹호
- 댓글 -

▸ **피터 버거 · 안톤 지더벨트, 『의심에 대한 옹호』**

믿음의 폭력성을 제거하는 것은 의심이다.

2017년 9월 11일 서울 240번 버스의 한 운전기사는 곤혹을 치르는 날의 시작이었다. 버스를 타고 가던 엄마와 아이가 하차하는 중 아이 혼자 내리게 되었다. 엄마가 문을 열어달라는 요구를 무시하고 다음 정거장에 내리게 했다는 내용의 글이 인터넷에 게시되면서 뉴스에 도배질했다. 뉴스의 댓글은 운전기사를 나쁜 인물로 몰고 갔다. 분노의 글들로 처벌을 요구하는 내용이 넘쳐났다. 그러나 버스 기사의 딸이 올린 호소문과 함께 인터넷 게시글이 대부분 거짓으로 판명나자 댓글의 방향은 순식간 뒤집어졌다. 청와대 국민청원에 전날까지

'240번 버스기사 해임해 달라'는 내용이 올라왔던 것이 반전되어 '240번 버스 사건을 보고 무고죄를 강화시켜야 한다고 생각한다'는 제목의 게시글이 올라왔다.[5] 댓글은 인터넷 게시글에 짤막하게 자신의 의견을 올리는 글이지만 대체로 익명성 뒤에 숨어 사실과 다른 내용으로 부작용을 초래하는 경우가 많다. 문제는 이러한 댓글을 의심 없이 보게 된다는 사실이다.

2018년 3월 네이버, 다음 등의 포털 게시판에 댓글을 조작하는 사건이 발각된 일명 '드루킹 댓글 조작 사건'도 댓글을 대체로 의심 없이 보는 사람들의 생각을 미리 읽고 댓글을 자신들 멋대로 바꾸면서 시작된 것이다. '드루킹'이라는 닉네임으로 온라인 활동을 하던 사람이 여론을 임의로 움직이려고 매크로 프로그램한번 클릭으로 댓글을 수백 개 게시하는 방식을 이용해 댓글을 조작한 사건이다. 포털 기준 2천개 이상의 아이디를 만들어 7만여 건의 기사에 댓글을 2백만 회 이상 조작했다. 2018년 정치적 배경과 연결된 사건으로 파장이 만만치 않다. 댓글 조작은 이전 2012년 국정원 댓글 여론 조작 사건도 있었다.[6] 국정원이나 '드루킹' 사건은 모두 댓글 조작으로 여론을 주도하기 위한 불순한 의도 그 자체였다. '댓글을 믿는가'에 대해 묻는다면 사람들은 이제 다시 생각할지 모르지만, 그동안 댓글 자체를 생각 없이 받아들이는 경우가 많았다. 연예인들도 댓글로 피해를 보면서 정신적 신체적 손상을 입는 경우가 끊이지 않고 있다. 댓글 내용의 진위 여부는 중요하지 않다. 댓글로 인해 자살하는 연예인들도 계속 잇따른다. 악성 댓글이 주는 고통으로 심적 압박에서 생긴 극단적인 행동이다.

댓글은 사전적 의미로 '대답하다' '응수하다'의 뜻을 담고 있다. 영어 단어 '리플라이reply'를 옮긴 말로 줄여서 '리플'로 불리기도 한다. '대답하는 글' 또는 '상대하는 글'의 의미를 줄여서 '답글' 정도로 풀이될 수 있다.[7] 댓글문화는 인터넷 게시판이 활성화되면서 회원들 또는 불특정 다수의 이용자들이 게시글에 짧은 평을 쓰듯이 각종 의견이나 정보를 보탤 수 있도록 한 것에서 시작한다. 댓글은 주요 정보를 제공하는 뉴스나 포털의 토론 게시판 또는 사진, 영상 등의 게시물에 다양하게 등장한다. 거기에 댓글놀이도 나타나 인터넷 기사에 가장 먼저 들어가 '1등이다'라는 댓글을 다는 일명 '등수 놀이'에서부터 '짝퉁 등수 놀이'1찍 왔군, 2런 늦었네, 1빠와 '하지만 드라군이 출동하면 어떨까?' 라고 운을 때면 다른 이용자가 '드', '라', '군'을 댓글로 다는 일명 '드라군 놀이', 글자 한자씩만 답하는 놀이라는 '1자 놀이' 등으로 다양화되고 있다. 이와 같은 댓글놀이는 별다른 의미를 둘 필요가 없는 단순한 장난으로 무시할 수 있지만, 기존의 틀에 박힌 제도권 뉴스나 이슈들을 우회적으로 표현하면서 반전을 주는 댓글도 있다.

한편에선 댓글로 인해 잘못된 게시글이 수정되기도 하는 유용한 점이 있다. 보충 의견으로 원래 게시물의 내용을 발전시켜 흥미로운 컨텐츠로 만들기도 한다. 게시물에 가치를 높이는 것이다. 뉴스의 경우, 독자들을 단순한 뉴스 소비자가 아닌 생산자 역할까지 감당하는 프로슈머prosumer의 위치로 보는 시선은 댓글 때문이다. 여기서 뉴스 기사나 게시판에 올라와 있는 글이 자신의 생각과 다를 경우 익명성을 이용하여 인신공격과 욕설과 비방을 퍼부어 폐해를 주는 경우도 있다. 극단적이고 공격적인 성향의 댓글로 인해 중도적이거나 우호적인 글이 설자리를 잃게 되어 올바른 여론 형성에 걸림돌로 작용할 수가 있다.

드루킹의 사건은 댓글 조작 뿐만 아니라, 댓글 조작 프레임으로 정치인들을 곤경에 처하게 하고 소셜 미디어를 통해 퍼날랐다. 댓글이 블로그, 페이스북, 트위터, 유튜브 등 다양한 SNS를 통해 걷잡을 수 없이 퍼져나가면서 소문 아닌 소문이 진실처럼 둔갑한다는 사실이다. 마녀사냥처럼 순식간에 생긴 피해자는 물적 정신적 피해를 입는다. 댓글은 정정할 수 있는 기회를 쉽게 주지 않는다. 댓글을 반박하더라도 인터넷의 '자기증대능력'self-augment capacity이 댓글에 고스란히 실려 댓글러의 의도와 다르게 확산되어 수습할 수가 없다. 댓글의 수정은 댓글로 절대 이루어지지 않는다. 다른 정보를 통해 반전을 이루지 않으면 댓글에 쏠린 여론의 수정은 불가능하다. 240번 버스 기사의 사건처럼 반전을 이루기는 쉽지 않다. 특히 뉴스의 댓글은 추천과 비추천, 공감과 비공감으로 의견 정도를 파악할 순 있지만 댓글 내용 자체에 대한 진위를 가리진 않는다.

뉴스의 댓글은 댓글 저널리즘으로 불리기도 한다. 댓글 자체에 대한 정보의 의심보다 댓글 자체에 힘을 실어준다. 뉴스에 달린 댓글은 뉴스의 오보를 잡아주고, 댓글로 인해 새로운 정보를 알 수 있게 한다. 댓글은 원문에 대한 지지를 이끌어 설득하는 기능도 있다. 일부에서는 댓글이 원문 기사를 보충하기도 한다.[8] 댓글을 의심하는 경우는 없다. 댓글을 의심하지 않는다는 것은 댓글이 옳다/그르다의 정보에 사람들이 관심을 두지 않는다는 사실이다. 게시글에 답하는 형태의 댓글은 소통을 위한 반응이 아니라, 일방적인 주장들이 대부분이다. 커뮤니케이션에서 상호 소통은 대화지만 일방적 주장은 배설이다.

댓글러들은 소통하는 대화를 생각하지 않고 자신의 견해

나 주장을 즉흥적으로 올린다. 댓글러 가운데 트집으로 일관하는 '막무가내형'이거나 육두문자를 동원하는 '막가파형'이 등장한다. 또한 '복붙'복사해서 붙이기하기로 무한반복 게시하는 유형도 나타난다. 댓글란은 다른 사람을 의식하지 않는 배설의 장소처가 되어버렸다. 댓글이 옳은지 그른지 진지하게 의심할 수 없다면 근본적으로 불안하다. 사람들이 올리는 댓글에 정치인이나 연예인들이 댓글을 무서워하는 이유는 여기에 있다. 댓글이 여론이라는 생각을 하는 사람은 더 이상 없다. 사람들의 생각이 달라지고 있다. 연예인이나 연예뉴스에 대한 댓글을 아예 없애자는 움직임도 일어난다. 언론진흥재단에서 조사한 자료에 따르면 연예뉴스에 대한 댓글 폐지에 85.0%가 찬성했다. 더구나 연예인 자살에 악플이 영향을 미친 것으로 보는 사람이 98%나 되었다.[9]

댓글을 의심해야 할 이유가 충분히 있었음에도 우리는 의심 없는 옹호의 자세로 댓글을 내버려두었다. 사회학자 피터 버거와 안톤 지더벨트는 어느 정도 한계를 그은 상태에서 의심은 유용한 사회적 기능을 한다고 했다. 댓글을 의심 없이 내버려둔 결과 수많은 연예인이 댓글로 자살하고, 국정원의 댓글 조작을 기억에도 지우기도 전에 드루킹은 프로그램을 동원해 댓글을 좌지우지하여 여론을 왜곡하려 했다. 특정 주제에 대한 댓글은 제한하도록 해야 한다. 실명 댓글로 댓글의 폐해를 줄일 수 없다면 댓글러들의 댓글 이력을 공개해 댓글이 받은 공감수를 통해 댓글의 신뢰도를 확인할 수 있도록 해야 한다. 댓글란에 죽치는 악성 댓글러를 걸러야 한다. 댓글도 의심해야 한다. 의심할 수 있는 장치가 필요하다.

네트워크에 묶인 사람들의 파워
- 사이버 폐인 -

▸ **셰리 터클, 『외로워지는 사람들』**

온라인 신분이 물리적 실재에서 보다 자신을 대단한 사람으로 느끼게 해준다고 말하는 건 세컨드 라이프와 롤-플레잉 게임에 많은 시간을 소비하는 사람들한테는 드문 일이 아니다. 이건 분명히 놀이이긴 하지만, 진지한 놀이다.

인터넷에 묶여 꼬박 밤을 새고 떠오르는 해를 보고는 컴퓨터를 끄면서 "내일은 라면에 밥도 말아 먹어야지"라는 행복에 젖으며 이불속으로 들어간다. 사이버 폐인의 일상을 그린 모습이다. 인터넷의 특정 분야에 빠져 다른 사회 경제적 활동을 하지 않는 사람을 사이버 폐인으로 부르며 처음에 부정적으로 쓰였다. 최근엔 이들이 마니아적 성격을 띠면서 전문가의 수준을 능가하여 일견 사회로부터 질타받는 부류에서 벗어난 존경의 대상으로 바뀌고 있다.[10] 인터넷공간에 투자하는 시간은 점차 늘어난다. 병적으로 특정 사이트에 매달리는 사람들이 늘어나고 있다. 온라인상에서 취미나 커뮤니티 활동, 게임, 일 등에 극단적으로 심취하는 사람들이다. 이러한 현상을 보여주는 인터넷 공간에 던져진 단어가 바로 '폐인'이다. '폐인'은 원래 '아무것도 못할 정도로 망가진 사람'을 뜻하는 말이었으나, 그나마 좋은 의미를 남아 인터넷 관련 활동에 극단적으로 심취하는 사람으로 쓰인다.

사이버 폐인은 인터넷 중독과 구별할 필요가 있다. 인터넷 중독internet addiction은 정보이용자가 컴퓨터에만 매달려 일상생활에 심각한 사회적, 정신적, 육체적 및 금전적 지장을 받고 있는 상태를 말한다. 즉, 지나친 인터넷 접속으로 인하여 의존성과 금단 증상 등이 나타나면 중독이다. 그러나 사이버 폐인은 사이버 상에 네트워크를 형성하여 취향과 관심을 공유하면서 '마니아' 혹은 '심취자'로 인정받는 사람이다. 이들은 자기취향의 계발을 통해 자신감을 향상시키고, 함께 꾸려가는 커뮤니티 중심의 활동에서 사회적 유대의 중요성을 일깨운다. 그런 면에서 과거 일본에서 떠오른 '히키코모리'나 '오타쿠'와는 다르다. 90년대 중반까지 일본의 문제가 된 '히키코모리'는 은둔형 외톨이를 말하며, '오타쿠'는 특정 물건에 집착을 보이는 사람으로 사회 부적응자로 비춰졌다. 그러나 사이버 폐인은 특정 소수의 놀이문화를 이끄는 사람으로 스스로를 진정한 네티즌이라고 주장한다. 실제 이들이 펼치는 문화의 내용과 영향력은 작지 않다.

사이버 폐인 문화의 시초는 '디시인사이드' 이다. '디시인사이드'는 디지털 카메라의 판매를 위한 사이트로 시작했지만, 사이트내의 여러 활동으로 다양한 정보들이 제공되면서 특정 놀이들이 생겨났다. '디시인사이드'는 놀이문화의 형성 과정에서 네티즌들의 욕망 분출을 통한 자생적 공간으로 자율적인 변화라는 점에 무게를 둔 플랫폼이 되었다. 특정 내용에 집착하여 줄기차게 글을 올리는 폐인들의 등장은 전문가들도 긴장할 정도로 사회 파급력이 높아졌다. 또한 사이버 폐인들이 놀이들을 새롭게 개발하고 활성화함으로써 폐인들의 존재가 도드라지게 되었다.[11]

사이버 폐인들이 외부와의 '차이'를 만들고 상징적 자원을 통해 자신들의 정체성을 만든 놀이에는 '리플놀이', '햏언수햏'. '수햏합성작품'패러디, '쎄우기' 와 '방법하기' 등 그 자체 이름으로는 알 수 없는 내용들이다. ▶'리플놀이'는 리플을 따라하는 '따라하기 놀이'와 가장 먼저 리플을 올리는 '1등 놀이'가 있으며 리플달기에 전념하려고 상주하는 사람까지 생겨 이들을 디시폐인으로 부른다. ▶'햏언수햏'은 독특한 자신들만의 언어체계로 즐거움을 추구하면서 생겨난 놀이이다. 디시폐인들은 남들이 알 수 없는 말, 아햏햏을 쓰면서 자신들만의 상징체계로 즐거움을 찾는 놀이를 만들었다. ▶'수햏합성작품'은 일종의 패러디로 합성사진을 만들어 올리는 놀이다. 주로 무능한 정치인과 상업성이 짙은 연예인이 대상이 되곤 한다. ▶'쎄우기' 와 '방법하기'에서 '쎄우기'는 디시폐인들이 만들어낸 말로 '무엇을 하다'라는 의미의 만능동사이고, '방법하기'는 '혼내주기, 응징하기' 라는 의미로 쓰인다. 토론쎄우기로 정치 경제 사회 전반에 대해 토론하고, 이에 응징코자 하는 대상에 대해서는 '방법하기'로 실행에 나선다.

디시폐인의 성장과 함께 이에 맞서는 사이버 폐인이 아고라폐인이다. 포털 '다음' 내에 미디어다음의 토론 카테고리인 '아고라'에서 활동하는 사람들이다. 아고라폐인들은 자신들이 온라인 토론문화에 앞장선다고 주장한다. 자신들이야 말로 진정한 '넷피니언'이라고 말한다. 이들은 토론광장에 특정화두를 던져 놓고, 다른 사람들과 설전을 벌이면서 자신들의 의견을 표현한다. 뿐만 아니라 온라인 서명운동을 통한 인터넷여론 모으기에 앞장서기도 한다. 이들의 의견은 실제로 오프라인 상황에 영향을 줄 정도로 막강하다. 디시폐인이나 아고라폐인들의 놀이를 '그들만의 문화'로 치부해 버리기엔 그

파급 효과가 크다. 이들이 사회에 미치는 영향력을 단지 '특정 소수의 놀이문화'로 보기 어려운 부분이 있다.

사이버 폐인과 더불어 온라인게임 폐인, 드라마 폐인처럼 폐인들이 연이어 나타났다. 온라인게임 폐인은 사이버 폐인의 유형 중에서 위험요소가 짙고, 중독성이 강해 비생산적인 온라인 활동으로 평가되며 심각한 사회문제로 여겨지기도 한다. 그러나 반대로 온라인게임 폐인들은 신작게임의 베타테스터를 자처하면서 다른 일반 테스터들보다 게임에 쉽게 적응하고 레벨업을 빨리함으로써 신작 게임의 문제점 및 게임 캐릭터들 간의 밸런스 문제 등을 수정하는데 도움을 준다. 또한 게임업체들의 마케팅 대상이 되어 온라인게임 컨텐츠 및 게임 소프트웨어의 발전에 상당한 영향을 미친다.

드라마 폐인은 TV 드라마의 마니아들로 온라인상에 드라마 폐인을 자처하면서 등장했다. 드라마 폐인들은 '가상 캐스팅' 놀이를 통해 자신이 좋아하는 배우들로만 드라마를 꾸미기도 한다. P2P사이트의 등장으로 일본드라마이하 일드, 미국드라마이하 미드 등 외화시리즈물에 대한 드라마 폐인들도 나타났다. 일드 폐인과 미드 폐인들은 한 때 놀이문화로 외국배우 한국식 이름 지어주기가 유행처럼 일어나기도 했다. '프리즌 브레이크'의 마이클 스코필드는 석호필, 일본배우 기무라 타쿠야는 김탁구, 여배우 스칼렛 요한슨은 한순이 등 배우들의 이름을 한국식으로 바꾸어 친숙하게 만드는 계기가 되었다. 드라마 폐인들의 활동은 드라마 캐스팅에 영향을 주기도 하고, 실제 방영하고 있는 드라마의 결말을 좌지우지하는 경우도 있다.

사이버 폐인은 인터넷에서의 즐거움이다. 동시에 혼자만의 놀이가 아니라 함께 노는 것이다. 타인과 함께 한다는 점에서 나홀로 빠져 있는 중독과는 다르다. 인터넷에서의 놀이로서 물리적 공간과는 이탈된 놀이지만 타인과 연결되어 있다. 사이버 폐인은 혼자 하는 놀이처럼 보이지만 네트워크에서 함께하는 놀이로서 사회에 영향을 미친다. 놀이에서 폐인들의 권능화empowerment가 일어난다. 자신들이 노는 방식은 외부와의 고리를 끊어버리고 차이를 만들어가는 투쟁으로 그 자체 힘을 갖게 한다. 인터넷 중독과 차이나는 점이다. 사회심리학자 셰리 터클은 온라인 신분에서 자신이 물리적 실재보다 더 대단한 사람으로 느끼게 하는 것은 시간을 많이 들이는 사람한테는 드문 일이 아니라고 했다.[12] 인터넷에 붙잡혀 꼬박 밤을 새지만 이들의 놀이는 진지한 놀이이다. 컴퓨터 놀이에 빠져 밤샘하는 마니아들, 허접하고 물렁하게 볼 수 없는 힘 있는 사이버 폐인들이다.

혐오로 맞서는 집단사고

- 일베와 메갈리아, 워마드 -

▶ **주디스 버틀러, 『혐오발언』**

혐오적 표현은 모욕적인 사상을 전달할 뿐 아니라, 전달하는 바로 그 메시지를 실행하는 것이다. 그 전달은 동시에 일종의 행동이다.

일베는 '일간베스트 저장소'라는 온라인 커뮤니티의 줄임말이다. 원래 2010년 '디시인사이드' 갤러리의 일간 베스트 게시물을 모아놓은 곳에서 시작하다가 2011년에 독립하여 설립된 극우 성향의 사이트이다.[13] 여성혐오와 남성 우월주의를 표방하면서 물의를 일으키긴 했지만 소규모 커뮤니티 정도로만 여겨졌다. 문화 현상으로 해석하게 만든 일베의 존재감은 2012년 대선에서 부각되었다. 많은 사이트들이 진보를 자처하며 문재인 후보를 지지할 때, 일베만이 박근혜 후보를 '레이디가카'라 부르며 응원했다. 일베는 소위 '수꼴'수구꼴통 사이트로 분류되었고, 웹상에서 일베'충'이라는 벌레로 취급받았다. 세월호 유가족 단식투쟁에 대한 조롱, 5.18 광주 민주화 운동에 대한 비하 게시물 등 사회적인 논란거리를 만들어 당사자들뿐만 아니라 일반 사람들도 눈살을 찌푸리게 했다.

일베가 스스로 내리는 정의를 세 가지로 요약하면 '저격', '공감', '자유'이다.[14] ▶ 저격은 신상털기와 같은 것으로 댓글 검색 등을 통해 추적하고 신상을 밝혀내는 일종의 유희문화이다. ▶ 공감은 주로 여성에 대한 피해의식 혹은 적대에 대한 공감이다. 여성비하적, 가부장적, 지역주의적 성격을 온라인의 익명성을 바탕으로 공감한다는 것이다. ▶ 자유는 일베의 핵심적 요소로 저격할 자유와, 공감할 자유를 모두 말한다. 개방된 자유로움은 그 자체 위험을 낳는다. 일베는 극우적 성향으로 거침없는 표현을 쏟아내면서 많은 비난을 받고 있다. 특히 여성에 대한 피해의식 혹은 적대심을 바탕으로 한 공감대는 일베를 철저히 남성적 공간으로 만들었고 여성혐오 문화의 토대이다.

'쿵쾅쿵쾅!! 그들이 몰려온다', '쿵쾅쿵쾅, 쿰척쿰척' 뚱뚱한 여성의 외모를 빗대어 일베에서 통용하는 말이다. 원래 2016년 온라인의 페미니즘을 둘러싼 논쟁에서 여성 네티즌의 외모를 빗대어 찬양하면서 사용되었다. 페미니스트를 비난할 때 사용하는 말로 일베 게시판에 뚱뚱한 여성의 인증이 몇 차례 올라오면서 굳어지게 됐다. '쿵쾅' 혹은 '쿵쾅이'는 페이스북, 유튜브, 대학생 커뮤니티 '에브리타임'에 통용될 뿐 아니라, 네이버 뉴스 댓글에도 버젓이 등장한다. 인터넷상에서 여성을 비하하거나 조롱하기 위해 사용되는 단어에는 '쿵쾅이'와 함께 '메돼지'도 혐오 게시글이나 댓글에 자주 올라온다. '메돼지'는 메갈리아와 멧돼지의 합성어로 메갈리아의 이용자들을 속되게 이르는 말이다. 메갈리아는 일베와 맞서는 집단이다.

메갈리아는 메르스와 소설 '이갈리아의 딸들'의 합성어에서 유래한다. 메갈리아는 여성을 혐오하는 남성에 맞서기 위해 시작한 디시인사이드의 메르스 갤러리에서 빠져나와 2015년부터 본격 활동했다. 일베가 하는 식으로 되갚아 준다는 슬로건 하에 남성혐오에 적극적이었다. 메갈리아는 혐오를 그대로 따라하는 미러링을 명분으로 페미니즘을 지향하면서 여러 문제를 제기하다 비판을 받아 2017년 폐쇄했다. 메갈리아는 '남성혐오자'또는 '일베같은 막장성을 지난 여성'의 의미로 통용된다. 메갈리아는 메르스 확진자와 같이 비행기를 탄 여성 2명이 격리를 거부한 것에 대한 비난이 실린 '메르스 갤러리'에서 시작한다. 당시 비난은 '한국 여자들이 나라 망신다 시킨다', '역시 김치녀다' 등의 내용이었다. 이 정보가 오보였다는 사실이 밝혀지면서 여성 유저들의 분노는 남성들의 여성혐오를 거울처럼 똑같이 보여주자는 식으로 미러링을 표방했다. 메갈리아는 '혐오를 혐오한다'는 슬로건을 내세웠다. 여성혐오를 정반대로 남성혐오라는 문법구조로 뒤집었다.[15]

메갈리아는 '김치녀'의 대항표현으로 '김치남'으로 일베와 맞서기 시작했다. 점차 상대와의 혐오 표현은 극에 달하면서 일베는 여성을 '낙태충', '맘충', '보슬아치', '삼일한', '주먹절' 등으로 표현하고, 메갈은 남성을 '한남충', '애비충', '자슬아치', '안경버무리', '군무새' 등으로 대적했다. 상대에 대한 혐오 표현은 축약어나 의미어의 형태로 원색적이고 자극적이다. 일베가 '쿵쾅'이라는 프레임을 씌운 것도 여성혐오를 표현하면서 사회적, 윤리적 질서를 벗어난 위험처럼 보이게 하는 '뚱뚱한 몸'과 '못생긴 외모'를 비하한 것이다. 메갈리아는 폐쇄되었지만, 거기서 파생된 주류 페미니즘, 남성혐오, 여성우월주의를 표방한 '워마드'가 다시 만들어졌다. 처음에 다음 카페에서 활동하다가 독립 웹사이트로 활동하고 있다. 메갈에 이은 워마드는 여성 혐오 단어 '쿵쾅'에 대해 '십이한남'으로 맞선다. '한남'은 한국 남성 전체를 비하하는 속어로 '한남충'한국남자 벌레의 준말이다. 한국 남성의 이미지 12개를 각각 시계의 시각으로 표현하고 있다. 1시에 있는 이미지는 '1시남', 3시에 있는 '3시남'으로 불린다. 여성 외모를 빗대어 비하하는 것에 같은 방식으로 남성의 외모를 조롱의 대상으로 삼고 있다.[16]

〈그림 5-1〉 십이한남 (출처-온라인커뮤니티)

일베는 급변하는 사회 환경 속에서 남성 스스로가 상실했다고 생각하는 권위와 권력을 회복하는 기제나 장소로 작동한다. 놀이와 즐거움에서 시작한 여성혐오는 작은 사건에도 여성을 경멸하거나 망신주기로 정당화한다. 이에 맞서는 메갈리아나 워마드는 보통 사람들이 감히 할 수 없는 혐오의 말을 취함으로써 문화적 충격과 사회적 혼란의 또 다른 중심에 서있다. 일베와 메갈, 워마드의 대결은 여성혐오와 그에 대항하는 여성들의 저항을 둘러싼 극단적 의견의 표출이다. 이들의 생각은 남성과 여성이라는 성 대결을 넘어선다. 자신들의 의견을 적극적으로 개진하면서 동원하는 표현에 선명한 것을 넘어 아주 극단적이고 모험적이다. 그러면서도 책임지지 않는다.

일베의 혐오와 메갈의 미러링 사이에는 차이가 있다. 일베는 여성을 타겟으로 하는 것만이 아니라, 진보 세력과 사회적 약자를 비난하거나, 편향된 지역주의의 표현으로 스스로의 존재를 찾으려는 극보수의 논리에 잡혀있다. 메갈리아는 상대적으로 남성혐오에 치우치면서 성적 표현을 적극 동원하는데 있어 대체로 조건반사적 반응이다.[17] 그러나 일베와 메갈워마드 포함이 같이 언급되는 것에는 이유가 있다. 일베와 메갈은 인터넷을 중심으로 형성되어 인터넷상의 많은 사람들을 남성과 여성의 대결 구도에서 같은 방식으로 몰아가려는 집단사고의 양상을 보이고 있기 때문이다.

일베와 메갈이나 워마드는 구성원들의 응집력을 모으기 위해 특정 사안에 대해 현실성 있게 평가하려는 동기를 억압하면서 집단사고group thinking로 몰아간다. 집단사고는 자신들의 생각을 정당화하기 위해 무작정 집단적으로 나서는 편협함, 상대를 우둔하거나 사악하다고 보는 고정관점, 그리고 각자 구성원들의 생각이나 의미를 축소하는 만장일치가 그 특성이다.[18] 집단사고는 집단 극화로 확대될 위험이 있다. 집단 극화는 개인일 때보다 집단일 때 더 극단적인 방향으로 의사결정을 할 가능성이 높다. 행동도 더 보수적으로 극단화된다. 인터넷에서의 활동이 사람들의 평균의 생각보다 한쪽으로 더 쏠리게 되는 집단극화는 개인의 의도와 다른 왜곡된 결정으로 사회혼란을 초래할 수 있다.

혐오 발화에서 시작한 남녀 대결들이 평균의 생각들을 묻어버리고 집단사고에서 나온 생각들로 넘쳐나면서 문제가 된다. 여성학자 주디스 버틀러는 혐오 표현은 상대에게 인식적 의식적 차원에 머무르는 것이 아니라 주체성을 손상시킬 수 있다고 했다. 인터넷에 게시글이나 댓글에 '쿵쾅이'나 '한남'을 아무런 생각 없이 쓰는 혐오 발화가 즐거움이나 유희 또는 그에 맞서는 조건반응이라고 하지만 상대의 입장에서는 주체의 파괴일 수 있다. 일베나 메갈, 워마드는 고정관념에 사로잡혀 인터넷의 이용자들에게 압박을 던지는 불편함을 준다. 그들의 혐오가 마땅하다는 논리가 주는 불편함을 표현의 자유로 정당화될 수 있을지 생각해봐야 한다.

응원의 메시지로 연결되는 챌린지
- 온라인 기부 -

▸ **클레이 셔키, 『많아지면 달라진다』**

인터넷을 통해 연결된 사람 수가 급격히 증가하면서, 작은 기여들이 모여 생겨난 막대한 기여를 영속적 가치를 지닌 것으로 전환할 수 있게 되었다.

2014년 여름에 시작된 '아이스 버킷 챌린지'는 루게릭병에 대한 관심을 불러 일으킨 온라인 기부를 위한 사회운동이었다. 참가자들은 루게릭병의 고통을 잠시라도 느껴보자는 취지에서 얼음물을 뒤집어쓴 뒤 다음 도전 주자 세 명을 지목한다. 지목받은 주자는 24시간 내에 도전을 받아 얼음물을 뒤집어 쓰거나 100달러를 미국 루게릭병 협회ALS에 기부하는 것을 선택해야 한다. 이 운동은 기부와 함께 얼음물을 뒤집어 쓰는 사람들이 줄을 이었고, 자신의 페이스북이나 유튜브에 올리는 등 인증샷으로 남겨 알려지면서 전 세계적으로 유명해졌다. 인증샷 확인으로 빌 게이츠 전 마이크로소프트 회장, 마크 저커버그 페이스북 창업자, 조지 W 부시 전 대통령 등 세계 유명 인사들이 참여했고, 모금액은 한 달 만에 1억 달러약 1천200억 원를 넘어섰다.

기부를 위한 챌린지 문화는 여러 형태로 진화한다. 코로나19 사태 속에서 사회가 침울한 가운데 유튜브와 틱톡에는 '레몬 챌린지'가 등장했다. 코로나19 예방 수칙대로 깨끗이 씻은 손으로 레몬을 까서 먹고 19만원이나 1만9000원을 구호단체에 기부한 뒤 다음 주자를 지목하는 운동이다. 뿐만 아니라, '부케 챌린지'의 경우는 코로나19로 인해 어려움을 겪는 화훼 농가를 돕고자 진행되는 사회 운동이다.[19] 이러한 사회 운동을 위한 챌린지가 소셜 미디어를 중심으로 퍼지면서 다양한 온라인 기부가 펼쳐진다. 온라인 기부는 지식, 노동, 현금 등 유무형의 재산을 웹사이트, 이메일 등 온라인을 활용하여 나누는 것을 의미한다. 좁은 의미의 온라인 기부로서 온라인 모금은 개인 및 기관과 같은 모금 주체가 기존의 오프라인이 아닌 인터넷과 모바일로 연결된 온라인 공간에서 모금을 청원하고, 캠페인을 전개하여 현금, 마일리지, 포인트, 사이버 머니 등을 기부 받는 행위로 정의할 수 있다. 이러한 온라인 기부가 최근에는 기관이나 조직이 아닌 개인 중심으로 불특정 다수의 관계 속에서 SNS를 이용해 퍼지면서 하나의 문화로 이어지고 있다.

챌린지 기부 운동은 아이스 버킷 챌린지에서 보듯 대중에 영향력 있는 연예인들이나 유명인들이 주도적으로 참여하면서 파급력은 짧은 순간 확대된다. 온라인 기부운동이 주목받는 이유는 종전의 기부운동과 다르게 매체 특성을 가지고 있기 때문이다. 기부자와 자선 단체 그리고 기부자 서로간의 상호작용성은 기부를 활성화하는데 기여한다. 자선 단체에서는 기부 목적에 맞는 정확한 메시지를 전달할 수 있으며 기부자들은 자신들이 원하고 기대하는 정보를 기부 전후에 알 수 있어서 공개적이고 투명한 기부활동에 참여할 수 있게 된다. 상대적으로 기부절차가 까다로운 오프라인에 비해 온라인은 복잡한 과정을 거치지 않고 몇 번의 클릭으로 쉽게 할 수 있는 수단을 확보하면서 누구나 쉽게 관여할 수 있다. 특히 온라인 기부운동은 특정 목적에 맞게 순식간에 전개하는 표적화된 기부운동을 할 수 있는 장점이 있다.

2001년 미국 9.11테러 직후, 희생자를 위한 기부금 모금에 온라인의 활용으로 200만 명이 참여하면서 온라인에서의 기부에 주목하게 됐다. 이를 본 미국 구세군에서는 인터넷에서의 기부운동을 능동적으로 조처하여 〈UAS 투데이〉나 〈야후〉 같은 웹사이트에 무료 배너 광고를 싣고 모금 사이트를 링크토록 했다. 이후 SNS를 활용한 온라인 기부 운동은 다양한 아이디어를 동원한다. 국내 최초로 온라인 기부 캠페인을 이끈 '굿네이버스'에서는 작성된 홍보 문구에 '좋아요'를 누르거나 트위터에 리트윗 할 때 마다 100원씩 정립하는 방식을 이용하기도 하고, '카카오 선물하기'에 기부 쿠폰 100원을 더해 온라인 모금을 하는 아이디어를 만들기도 했다. SNS 플랫폼을 기반으로 진행하는 '100원' 기부 운동은 소액기부에 대한 인식변화와 온라인 기부의 증가, 일시 모금 확대 등으로 작은 참여로 큰 목적을 이루는 온라인 기부운동의 활성화에 앞장섰다.[20]

다양한 방식의 온라인 기부는 게임에서도 등장한다. '프리라이스'Freerice는 기아 해결을 돕는 게임방식으로 퀴즈를 통해 기부를 가능하게 하는 웹사이트이다. 이 게임은 2007년 유엔 '세계식량계획'을 통해 전 세계에 서비스를 시작한 것으로 이용자들이 문제를 맞출 때마다 한 톨의 쌀이 기부된다. 서비스 시작 한 달 만에 2천7백 톤 이상의 쌀이 기부되었다.[21] 카카오 게임즈가 개발한 '카카오 배틀그라운드'는 게임 실력을 검증하는 콘텐츠이다. 경기 결과에 따라 포인트로 등급을

정하고 보상을 받도록 했다. 게임에 참가한 스트리머와 이용자들이 경쟁전에서 나온 결과인 등급과 참여 횟수에 따라 기부금을 적립해서 온라인 기부를 한다. 게임하는 즐거움과 함께 온라인 기부에 참여하는 이벤트를 만든 것이다.[22]

온라인 기부의 또 다른 특징은 현금이 아닌 포인트를 이용할 수 있다는 점이다. 경제활동에 종사하지 않은 청소년들도 부담 없이 참여할 수 있어서 기부에 대한 생각을 바꾸게 한다. 네이버 재단에서 운영하는 온라인 기부 포털 사이트인 해피빈happybean은 가상 화폐인 '콩'으로 기부할 수 있다. 콩은 네이버에서 제공하는 서비스인 블로그와 카페, 지식iN에 글을 쓰거나 배너를 클릭하는 등의 다양한 방법으로 획득할 수 있다. 해피빈에서 기부할 수 있는 수단인 '콩'은 사이버 머니이며, 네이버 코인을 통해 전환이 가능하고, 후원 기업이 대량 구매해서 프로젝트로 나누어주는 것을 직접 받을 수도 있다. 해피콩 하나는 100원으로 기부 목적에 따라 기부 단체에 손쉽게 기부할 수 있다. 클릭 하나로 이루어지는 간편함 때문에 사람들이 온라인 기부를 많이 이용하지만, 온라인 기부는 재미와 즐거움 그리고 작은 보탬으로 참여의 큰 행복을 누릴 수 있다.

행동은 기회를 통해서 따라온다. 기부운동에 참여하기를 바라지만 그러한 기회를 갖지 못하면 쉽지 않다. 온라인은 기부운동을 쉽게 할 수 있는 기회를 갖게 한다. 온라인에서 이루어지는 기부 운동은 이용자들이 참여를 바라는 기회의 제공에 앞서 즐거움을 함께 동반한다. 챌린지로 전 세계를 연결한 기부운동은 참여자의 생각이 제각각 다르다 하더라도 주어진 기회에 어떻게 반응할지는 정해진 룰을 따르기 때문에 설계자의 동기와 이용자의 동기는 크게 다르지 않다. 이전의 기부는 단체나 기업에서 앞장서 사회적 동기를 앞세우며 시작했다. 그러나 챌린지를 통한 기부는 개인들도 소외된 이웃을 가까이 할 수 있게 했다. 기부 참여에 이벤트 형식을 동원함으로써 즐거움과 놀이라는 테마화로 주목을 끈다.

이처럼 개인들에게 언제나 기부 운동을 쉽게 접하게 하는 기회를 제공한 것이 온라인 기부의 큰 역할이다. 이용하는 사람이 많을수록 효용성이 높아지는 서비스가 기부 활동이다. 인터넷은 이러한 기부활동에 있어 중요한 매개체이다. 특히 챌린지를 통해 누구나 동참하게 된 기부 활동은 지금도 사랑의 쌀 모음 운동인 '러브라이스 챌린지', 코로나19 사태로 인한 혈액 부족을 메우기 위한 헌혈 동참 운동인 '헌혈 릴레이 챌린지', 건강을 챙기면서 어린이재단에 기부하자는 운동인 '나 100% 챌린지' 등 여러 형태를 통해 진화하고 있다. 기부의 시작은 행동이다. 온라인은 이러한 행동을 쉽게 만든다.

제6장

파워의 무한

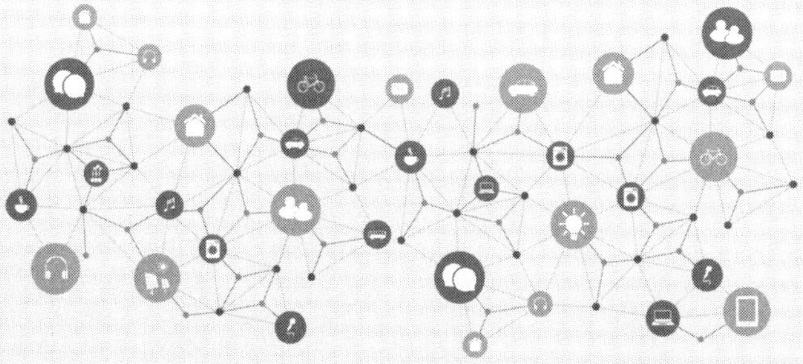

스펙타클의 위력
- 집합행동 -

▸ **기 드보르, 『스펙타클의 사회』**

스펙타클은 특별히 모든 시선과 의식을 집중시키는 영역이다.

인터넷의 급속한 발전과 스마트폰의 확대는 사람들을 소외의 문턱에 살면서 언제든 밖으로 밀려날 위험을 겪게 한다. 디지털 기기의 사용에 능숙한 사람과 그렇지 못한 사람 간의 격차가 사람들을 구분하는 새로운 문화가 도래한다고 전망한다. 그러나 인터넷이 매개가 된 사회의 집합적 행동은 가장 필요한 일을 하면서 사회의 중심에서 큰소리치지 못한 소외의 그늘에 있는 사람들을 끌어내어 서로 뭉쳐 함께 한목소리를 내게 했다. 인터넷이 만든 집합행동은 사회를 스펙타클하게 만든다. 스펙타클은 프랑스의 예술가이면서 혁명가인 드기보르가 1967년에 발간한 그의 책에서 시작했다. 스펙타클을 여러 모습으로 다가가는 기보르는 모든 삶은 스펙타클의 거대한 축적물로 나타난다고 보았다. 스펙타클은 모든 시선과 의식을 집중시키는 영역이기도 하고, 이미지에 의해 매개된 사람들의 사회적 관계도 해당한다.[1] 인터넷으로 공감한 사람들이 광장에 쏟아져 나와 뭔가를 외치고 주장하는 모습은 바로 스펙타클이다.

인터넷이 매개된 사람들이 특정한 이슈를 매개로 광화문 광장으로 쏟아져 나왔다. 촛불시위는 인터넷이 이끈 집합행동이다. 2002년 미군 장갑차에 의해 사망한 여중생 추모집회, 2004년 노무현 대통령 탄핵 소추안 통과 반대 집회, 2008년 미국산 소고기 수입 반대 집회, 2016년 박근혜 정권 퇴진을 위한 집회 등 촛불집회는 사람들을 광장으로 이끌었다. 특히 2016년의 집회는 1천 5백 개의 시민단체가 연대한 집회로 이전과 달리 하나의 축제처럼 진행하는 이벤트로 끌고 갔다. 많은 사람들이 전국에서 모여 100만 명을 추산할 정도로 운집했다.[2] 인터넷은 집합행동을 이끄는 동원화에 중요하다. 동원화는 일반적으로 어떤 집단이 수동적인 개인들의 집합체인 상태로부터 공공생활에 활발히 참여하는 상태로 움직여 나가는 과정을 말한다. 고립된 개인들을 연결하는 것이 동원화이다. 인터넷은 동원화에 절대 기여한 매개이다.

집합행동은 기존의 제도화된 행위양식으로 적응하지 못하는 애매한 상황이나, 부득이하게 기존의 행위양식을 따르기 어려운 위급한 상황, 또는 기존의 사회규범과 제도의 정당성에 의문을 제기하고 이를 변화시키려는 상황 등에서 일어난다. 찰스 틸리히에 따르면 집합행동은 자신들의 이익에 맞게 행동하기 위해 반드시 조작화되고 동원화되어야 한다.[3] 이러한 이익이 동원의 근거가 되고 동원을 통해 집합행동이 이루어진다. 많은 집단행동에서 개인들은 이익이 무엇인지 모르고 지날 때가 있다. 공유된 이익을 표명하지 못하거나 그 이익을 그릇되게 표현하기 때문이다. 그러나 인터넷의 네트워크는 집합행동에 대한 정보를 충분히 공유하기 때문에 집합행동을 하는 이유와 그에 따른 이익을 참여자들이 분명히 간파하고 있다. 인터넷을 매개로 또는 사이버공간에서 일어나는 집합행동은 익명적임에도 불구하고 방향과 형식에서 명확하다. 이 같은 집합행동이 사이버 집합행동인 것이다.

인터넷의 발달과 스마트폰의 확산으로 온라인에는 집단적 활동을 할 수 있는 플랫폼들이 많아졌다. 자유로운 의견을 게시하고 정보를 공유하는 사람들이 여기저기 생기면서 집합행동에도 변화를 가져오게 되었다. 사이버 집합행동의 사례는 크게 오프라인 중심의 네트워크운동과 온라인 중심의 네트워크운동으로 나눌 수 있다. 오프라인 중심 네트워크 운동은 참여자들이 운동 이슈에 대한 이념적 동의 혹은 운동 목표의 공유를 매개로 자발적으로 인터넷에서 형성된 사람들로 느슨한 연결망을 유지하면서 실제 저항운동을 오프라인에서 전개하는 방식이다. 온라인 중심 네트워크 운동은 분산된 개인들이 네트워크를 구축하고 운동 의제 채택이나 방향 설정이 네티즌들에 의해 결정되고 온라인을 주 활동 무대로 삼는 방식이다.

오프라인 중심 네트워크운동의 대표적 사례가 2008년과 2016년 촛불집회이다. 2008년 촛불집회는 이명박 정부의 미국산 소고기 수입 재개 협상에 대한 반대를 슬로건으로 시작되었다. 다음 아고라 내에서 네티즌의 자유로운 토론과 정보 게시로 인터넷에서 연대를 구축하였고 집단의 정체성을 형성해 나갔다. 오프라인 집합행동으로 이어져 가족 단위의 참가와 연예인 음악가들이 참여하여 문화제적 모습을 보이는 참가자의 자발적 개방적 집합행동이었다.[4] 2016년 촛불집회 또한 온라인 내에서 활발한 정보 공유가 이루어졌고 특히 SNS를 통한 적극적인 참여의 유도가 일어났다. 정보통신기술의 발달로 2008년 촛불집회 때보다 더 빠른 실시간 쌍방향 소통으로 전국적인 동시 다발적 집합행동을 가능하게 했다. 참여자들은 가족과 연인을 동반한 경우가 많았으며 인증샷을 찍으며 축제에 참여하듯 즐기는 자발적 집합행동을 이끌었다. 2016년 촛불집회는 참가 목적이 무언가를 얻는 것이 아니라 공유된 신념을 확인하려는 것이 더 강하게 나타났다.[5]

반면, 온라인 중심 네트워크 운동의 사례는 디시인사이드와 일본 2ch와의 사이버 전쟁과, 동해표기 백악관 청원운동이 있다. 디시인사이드와 일본의 커뮤니티 사이트 2ch의 사이버 전쟁은 2010년 3월 1일 국경일에 집단적으로 일본의 온라인 커뮤니티인 2ch에 접속하여 트래픽 과부하로 사이트를 테러한 사례이다. 삼일절이나 광복절 전에 미리 공격시간대와 주소를 공지하고 사이버 공간에서 비대면적으로 일어나는 사이버 집합행동의 예이다. 동해 표기 백악관 청원운동은 사이버 상에서 집합행동을 도모하여 동해 독도의 명칭표기에 대한 근본적인 변화를 시도한 예이다. 2012년 미국 '미주 한인의 목소리'VoKA가 동해표기를 지지하는 가운데 미국 백악관 청원 웹페이지인 '위 더 피플'We the People에 '독도 관련 일본인의 청원에 반대한다'는 청원이 일어나 전 세계 한국 네티즌이 동참한 집합행동이다. 동해표기 지지 서명은 총 10만

명 이상이 참여하였고 이로 인해 버지니아주 공립학교의 모든 교과서에 동해병기가 의무화되었다.

집합행동은 사회적 행동을 재정의redefinition하려는 신념에 기초한 행동의 동원이라는 의미를 함축하고 있다. 인터넷은 특정한 시공간을 초월하여 접근이 가능하고, 비대면의 특징으로 인해 사회적 지위에 관여 받지 않고 누구나 수평적 관계에서 의견을 게재할 수 있다. 사이버 공간에서는 자신이 처한 현실의 지위에 상관없이 자신의 의견을 자유롭게 개진할 수 있다. 즉 인터넷은 집합행동에 필요한 거래비용과 참여비용을 낮추어 집합행동의 진입을 쉽게 하고 있다. 또한 인터넷 기술의 발달과 스마트폰의 확산은 의사소통을 쌍방향적으로 즉각 가능하게 하면서 직접 참여하지 않아도 현장감을 더해준다. 특히 촛불집회처럼 문화 이벤트화된 집합행동은 춤과 노래 각종 퍼포먼스들이 동원되면서 축제의 장으로 변화한다. 이러한 상황을 참여자들은 SNS등에 인증사진으로 남겨 집합행동의 처음과 끝은 늘 인터넷에서 이루어진다. 스펙타클의 각광에서 멀어져 있는 사람들도 인터넷을 통해 집합행동에 적극 참여하여 사회를 움직이는 동인으로 활약 가능하다.

종료버튼으로 끝나지 않는다
- 사이버 불링 -

▸ **세미어 힌두자 · 저스틴 패친, 『사이버폭력』**

컴퓨터를 꺼버리는 것이 사이버 폭력을 당하는 사람들을 위한 현실적인 대안은 아니다.

카톡에서 일어나는 왕따가 있다. 단체 대화방에 초대하여 집중적으로 욕설하며 괴롭히는 '떼카', 카톡방에서 빠져나갈 경우 계속 초대하는 '카톡감금', 단체방에 초대하여 한꺼번에 왕따 학생만 남겨놓고 빠져나가는 '방폭' 등이다. 온라인에서의 집단 따돌림과 같이 스마트폰으로 가해지는 폭력이 사이버 불링이다. 사이버 불링cyber bullying은 스마트폰의 메신저 앱이나 SNS 등을 이용해 특정 학생을 집단적으로 집요하게 괴롭히는 행동이나 따돌림으로 사이버 공간에서 자주 일어난다. 사이버 불링의 판단 기준은 고의적이고 의도적이라는 점, 괴롭힘이 일회성이 아니고 반복적이고 일정한 패턴을 보인다는 점, 피해자가 해를 입었다고 지각한다는 점, 그리고 컴퓨터나 스마트폰 등 전자기기를 통해 자행된다는 점이다. 사이버 공간에서 일어나는 문제는 명예 훼손이나, 몰래카메라로 인한 영상유출 등 대부분 개인이 단독으로 행한다. 그러나 사이버 불링은 대체로 집단이 뭉쳐서 한 명의 피해자를 공격하는 특징이 있다.[6]

사이버 불링으로 인해 생겨날 수 있는 더 큰 문제는 피해자에 대한 신상정보를 인터넷에 유포하거나, 성매매 사이트 등 불법 사이트에 노출시키면서 일어난다. 2019년 실체가 드러난 n번방 사건도 가해자들이 피해자들을 '노예'라 부르며 성 착취 사진을 올리고 신상정보를 공유하는 사이버 불링 형태로 저질러졌다. 동영상과 합성 사진의 유포로 피해자들에게 시각적 충격을 가하는 사이버 불링은 회복 불가능한 범죄이다. 수많은 사람들이 동시에 보고 퍼 나르기 때문에 짧은 시간에 광범위하게 확산된다. 온라인 상에 한번 올라온 욕설과 비방도 마찬가지이다. 더구나 허위사실까지 온라인으로 유포하면서 집요하게 괴롭히는 사이버 불링은 심각한 사이버 폭력이다. 사이버 불링은 '온라인에 거짓 소문 퍼뜨리기',

'악성 댓글', '따돌림', '왕따', '악성 문자로 위협 및 협박', '금품 갈취'사이버머니, 아이템, 기프트콘, '동영상 촬영 유포' 등 다양하게 이루어진다. 이를 크게 언어적 공격과 행동적 공격으로 나눌 수 있다. 언어적 공격에는 사이버 비방이나 플레이밍과 같은 것이 있고, 행동적 공격은 사이버 따돌림이나 동영상 촬영 유포 등이 해당된다.[7]

언어적 공격

언어적 공격인 사이버 비방은 특정인에게 온라인 상에 욕설, 비속어 등 모욕적인 메시지를 보내는 행위이다. 같은 언어적 공격이지만 플레이밍은 사이버 비방보다 더 심각하다. 플레이밍은 특정인에게 일부러 논쟁이나 분란을 일으켜 문제가 있음을 드러내도록 하는 의도적 행위이다. 특히 가해자들이 상대의 공격적인 반응을 유도하기 위해 자극적인 글을 게시하여 도발한다. 이것이 플레이밍의 일반적인 시작이다. 플레이밍은 온라인 내에 개별적인 공간이 아닌 단체 채팅방, 토론 그룹방과 같은 여러 사람이 쓰는 공적인 공간에서 발생한다. 플레이밍의 가해자는 욕설이나 축약어를 고의로 남발하여 상대를 빈정대거나 인신공격으로 자극하여 반응하도록 한다. 이들은 '개', '존나', 'ㅅㅂ', '병신' 등의 언어를 사용하며 상대로부터 격렬한 감정적 싸움을 유발하여 상대를 자극시킨다. 언어적 공격에서 피해자는 정신적인 괴로움과 고통으로 극단적 생각을 하기도 한다.

행동적 공격

행동적 공격에는 사이버 따돌림의 유형이 있다. 집단에서 소외받는 느낌을 사이버 상에서 받게 함으로써 정신적 피해를 주는 경우이다. 앞서 본 카톡에서의 '떼카'나, '카톡감금', '방폭'이 대표적이다. 사이버 상에서의 소외는 현실세계의 소외보다 순식간에 자행되면서 더 처절하다. 사이버 따돌림은 특히 청소년들에게 흔한 경우로 피해자들은 심한 좌절감을 갖게 되며 신체적 폭력 못지않게 위협적으로 받아들인다. 행동적 공격으로 동영상 유포가 있다. 오프라인의 폭력과 사이버 상의 폭력이 결합되어 일어나는 유형이다. 피해자를 신체적으로 폭행하는 장면을 사진이나 동영상으로 찍고 인터넷에 올리거나 다른 사람에게 전송하여 피해자가 위협과 수치심을 느끼도록 하는 행위이다.

원래 불링은 힘이 있는 자리에 있는 사람이 그렇지 못한 사람을 상대로 한 직접적, 반복적, 의도적 괴롭힘을 의미했다. 물리적 위협이나 행동, 모욕, 교묘한 형태의 공격 또는 루머를 퍼뜨리는 것을 포함한다. 대체로 젊은 사람들이 자행하는 경우가 많아 학교주변에서 흔하게 일어나는 일탈이었다. 스마트폰이 확산되고 청소년들이 폰을 쉽게 다루게 되면서 왕따 학생을 괴롭히는 불링이 사이버 상에서 다양해지고 있다. 이 같은 사이버 불링은 직장에서도 발생한다. 청소년들 사이에서 일어나는 사이버 따돌림 보다 은밀하게 이루어지며, 권한이나 힘을 이용해 수직적으로 자행되는 것이 특징이다. 단톡방을 이용한 따돌림의 경우, '단톡방에서 하는 말 무시하기' 또는 '왕따를 빼놓고 다른 단톡방 만들기' 등이 있다.

사이버 불링은 온라인 상에서 일어나 외형적인 피해는 없다. 가해자가 있어도 명확하게 가해자를 밝히기가 쉽지 않다. 온라인 상에서 그 피해를 단정적으로 판단하고 처벌하기 어렵다는 점에서 숨은 비행hidden delinquency이 되고 있다. 숨은 비행은 경찰이나 검찰과 같은 관련기관에 의해 적발되지 않아서 공식적인 비행 통계에 포함되지 않는 비행을 말한다. 숨은 비행의 발생이 공식적인 비행에 비해 약 10배나 더 많은 것으로 추정하고 있다. 수많은 범죄에서 사이버 불링은 가해자의 입장에서 일탈행위와 폭력으로 인지 못하는 경우가 많다. 사이버 불링은 피해자를 시기하거나 미워하는 마음에서 비롯되기도 하지만, 단순히 친구나 직장 동료들 사이에 짓궂은 장난이나 재미로 시작하여 스스로 가해자로 생각지 않을 수 있다.

사이버 불링을 '컴퓨터를 꺼버리는 것' 혹은 '종료버튼을 클릭하는 것'으로 피해간다면 효과적인 방법이 아니다. 사이버 불링은 온라인을 벗어나더라도 계속될 수 있다. 이미 온라인에서 시작된 것이라면 빠른 파급력으로 전파되어 피해자도 모르는 사이 피해 정도가 눈덩이처럼 커지게 된다. 또한 피해자에게 컴퓨터를 끄게 하거나 종료버튼을 눌러 인터넷상에서 이익을 얻을 모든 기회를 상실하게 하는 것으로 대책이 될 수 없다. 학교에서 폭력을 당하고 있다고 '학교에 가지 마'라고 할 수 없듯이 사이버 불링은 온라인 내에서 해결해야 한다.[8] 가해자의 입장에서는 사이버 윤리의식을 높여 인지적 공감능력을 키워야 하고, 피해자의 입장에서는 자신의 입장을 적극적으로 대변하고 방어할 수 있는 온라인 안심처를 만들어 이용하게 해야 한다. 사이버 불링은 인터넷이 만든 새로운 폭력의 유형으로 가해자와 피해자의 경계가 온라인 속에 숨어있어 좀처럼 알 수 없지만 심각한 것은 분명하다.

정보 만물상 속의 힘

- 블로그 -

▸ **앤드루 킨, 『인터넷 원숭이들의 세상』**

무수히 많은 원숭이가 각자 타이프라이터 앞에 앉아 무수히 많은 시간 동안 자판을 두드리다 보면 그중 한 원숭이는 마침내 걸작을 만들어낸다. 인터넷은 무수한 원숭이와 타이프라이터를 연결시키고 있다.

블로그가 너무 많아 블로그에 담긴 내용이 무엇이 진실이고 거짓인지, 아니면 무엇이 실재이고 가상인지 구분할 수가 없다. 판단할 수 있는 감각이 마비되었다. 진실이든 거짓이든, 실재든 가상이든 블로그에는 없는 것이 없다. 블로그는 지금도 계속 늘어나고 있다. 국내 점유율 1위인 포털사이트 네이버의 경우 2003년 첫 서비스를 시작한 후 지금까지 메일, 카페와 더불어 핵심 서비스로 제공되고 있다. 포털 사이트 다음은 2005년 블로그 서비스를 런칭한 후, 2006년 테더툴즈라는 회사와 함께 티스토리 서비스를 운영하다가 2007년 소유권을 양도받아 지금까지 다음블로그, 티스토리 블로그를 함께 운영한다. 네이버, 다음뿐만 아니라, 야후나 구글 등 대부분 포털 사이트가 서비스형 블로그를 운영하고 이글루스, 워드프레스 등은 설치형 블로그의 형태이다. 블로그 점유율은 네이버가 70%이상으로 가장 높으며, 다음13%, 티스토리7.5%, 이글루스1.7% 순으로 나타났다.[9]

블로그는 웹web과 일지를 뜻하는 로그log의 합성어인 웹로그weblog의 줄임말로서 웹에서 쓰는 항해일지, 즉 기록매체의 의미를 지닌다. 자신의 관심사를 자유롭게 콘텐츠로 올리면서 다른 사람과 공유하는 개인 사이트였다. 온라인에 개인의 신변잡기를 올리는 다이어리 정도로 여기다가 각종 정보와 소식을 게시하면서 다루는 영역이 무제한 늘어났다. 사이트 〈블로그차트〉에 올라오는 블로그의 수는 160만개를 넘었으며, 나날이 증가하고 있다. 네이버는 블로그내의 다양한 글을 총 32개의 주제로 나누고 다시 4개의 카테고리로 분류한다. '엔터테인먼트, 예술', '생활, 노하우, 쇼핑', '취미, 여가, 여행', '지식, 동향' 4개로 구분된 카테고리 내에 블로그에 작성한 게시물들이 주제에 맞춰 올라갈 수 있도록 하고 있다. 블로그 자체가 개인의 관심사 위주여서 주제의 폭이 광범위하여 이를 분류하는 것이 쉽지 않다.

〈표 6-1〉 네이버 블로그 주제별 분류 (출처-네이버블로그 홈)

엔터테인먼트, 예술	생활, 노하우, 쇼핑	취미, 여가, 여행	지식, 동향
문학, 책 영화 미술, 디자인 공연, 전시 음악 드라마 스타, 연예인 만화, 애니 방송	일상생각 육아, 결혼 애완, 반려동물 좋은 글 이미지 패션, 미용 인테리어, DIY 요리, 레시피 상품리뷰 원예, 재배	게임 스포츠 사진 자동차 취미 국내여행 세계여행 맛집	IT, 컴퓨터 사회, 정치 건강, 의학 비즈니스, 경제 어학, 외국어 교육, 학문

블로그의 내용과 형식이 다양해지면서 블로그의 유형을 구분하는 것이 쉽지 않으나 내용에 따라 크게 두 가지로 분류할 수 있다. 하나는 개인적인 경험을 다른 이용자들과 공유하면서 사회적 관계맺기를 위주로 하는 '관계지향형 블로그'이고, 또 다른 하나는 정보전달과 제공을 주목적으로하는 저널리즘 성격의 '정보제공형 블로그'이다. 블로그의 형식에 따라서는 홈페이지형, 포털형, 전문블로그 등으로 나눌 수 있으나 이는 개설 방법에 따라 나누는 '서비스형'과 '설치형'인 것이다. 서비스형은 포털에 가입한 뒤 개설하는 것으로 대체로 일기와 커뮤니티를 위주로 이용하고, 설치형은 블로그를 마음

대로 꾸미는 자유로움이 있으며 대체로 자기기록과 정보교류를 목적으로 하는 경우가 더 많다.

블로그에 대한 주목은 1인 저널리즘의 성격으로 시작되었다. 블로그의 등장으로 개인이 수동적 뉴스 소비자에서 벗어나 자신의 의견을 표현하고 전달하는 뉴스 생산자, 즉 뉴스의 프로슈머의 역할을 실질적으로 수행하게 되었다. 포털사이트 업체들은 블로그 서비스를 런칭하면서 기존의 뉴스기사로는 모을 수 없는 다양한 분야에 대한 정보를 제공하여 이용자를 끌어모았다. 블로그 서비스의 성장으로 특정분야에 대한 깊이 있는 글을 제공하는 블로거들의 활동이 인정을 받고 영향력을 행사하게 되었다. 포털사이트 업체들은 이러한 영향력 있는 블로그 운영자들에게 지속적인 블로그의 동기부여와 보상을 제공하기 위해서 보상안을 마련하였다. 블로거blogger들은 기존 언론에서 다루지 못한 무한한 주제들을 포괄하는 정보를 제공하였다. 각 언론사의 기자들도 자신들이 독자적으로 블로그를 운영하면서 뉴스의 뒷 이야기를 알 수 있게 했다. 이후 블로그의 영향력이 커지면서 기업 마케팅, 정치 커뮤니케이션 등의 새로운 수단으로 활용된다.

네이버의 경우에는 영향력 있는 블로거들을 파워블로거라는 이름으로 2008년부터 선정하기 시작하였다. 파워블로거는 콘텐츠의 충실성, 콘텐츠의 신뢰성 그리고 블로그의 소통성 3가지 기준으로 자체 심사를 통해 해마다 공표되었다. 선정된 블로그에는 1년간 파워블로그 뱃지가 게시되었고 블로그에서 파워블로거 소개란을 따로 마련하여 방문자를 유도하는데 돕기도 했다. 이를 통해 포털에 방문자 수를 확대하기도 하고 체류시간을 늘리기도 하는 것이 의도였다. 다음의 경우에도 2007년부터 우수 블로거를 선정하기 시작하였다. 다음의 경우에는 1차적으로 블로그 운영자들의 자기추천을 받았다. 이후 내부심사를 통해서 후보를 공표하였고 최종 결과는 네티즌들의 투표로 결정하는 방식을 택하였다. 선정된 우수블로그는 1년간 우수블로그 뱃지를 수여하고 검색시 특별노출을 통한 광고효과 제공 및 블로그 운영을 위한 배경음악 이용권을 선물하였다.

파워블로그는 해마다 선정되는 블로그 수의 증가네이버, 2008~2014년 총 3,300개 파워블로그 발표와 이에 따른 블로그 플랫폼의 영향력이 커짐에 따라 초기의 의도와는 다른 부작용이 나타났다. 네이버의 파워블로거를 비꼬는 말인 '파워블로거지'라는 말이 생길 정도였다. 특정 업체들에 찾아가 블로그에 포스팅을 빙자해 서비스 제공을 요구하는 모습이 거지와 같다고 해서 등장한 표현이다. 2011년 벌어진 '베비로즈 사건'은 블로그에 살균세척기 공동구매를 진행하면서 수수료를 챙긴 사실이 알려져 공정거래위로부터 과태료를 부과받기도 했다.[10] 2014년엔 대학가 돈가스 음식점에 대한 파워블로거들이 올린 내용이 실제와 다르다고 지적한 다른 블로거에 대해 서로 간 공격을 하면서 파워블로거들의 신뢰가 추락하기도 했다. 파워블로거가 업체의 브로커로 전락하고 파워블로거가 거짓말쟁이로 신뢰를 잃는 사건이었다.[11] 이러한 문제들로 인해 네이버는 2014년을 끝으로 다음의 경우는 2015년을 끝으로 우수블로그 선정을 중단한 상황이다. 하지만 파워블로그 대신 블로그의 순위를 제공하는 전문사이트들이 등장하여 파워블로거의 영향력은 순위로 여전히 가늠하게 된다.

파워블로그의 경우 대체로 '관계지향형'의 블로그보다 '정보제공형'의 블로그가 대부분이다. '정보제공형'은 지식과 정보를 전달하려는 게시물이 주로 업로드되고 있다. 지식과 정보의 전달은 개인적인 분석을 바탕으로 한 특정분야에 대한 준전문가 또는 전문가 수준의 지식을 갖춘 경우가 대다수였다. 특정 사안에 대한 평가나 특정 상품과 서비스에 대한 후기 등의 콘텐츠가 생산되었다. 블로그 운영자는 일반인보다 예리한 안목으로 해당 분야에 대한 정보를 제공한다. 블로그 방문자들은 해당 분야에 대한 지식과 정보와 함께 블로그 운영자의 주관적인 판단까지도 수용하는 문제점이 있다. '관계 지향형'의 블로그는 주로 개인적인 느낌과 감정의 표현과 관련한 일상의 기록들이 콘텐츠의 주를 이룬다. 특정분야에 대한 지식이나 정보를 다루는 것이 아닌, 자신만의 개성 있는 콘텐츠를 업로드하면서 형식도 자유롭다. 이러한 개인의 일기장 성격의 콘텐츠이지만 사람들의 관심을 끌게 되어 방문자 수가 많아지면서 영향력 있는 블로그로 성장하기도 한다.

블로그는 개인의 일상사, 마케팅, 광고, 정치, 저널리즘 그 범위가 다양하게 전개된다. 언제 어디서나 접속할 수 있는 블로그에는 사람들의 생활을 들여다보는 평범함 속에서 많은 정보를 찾을 수도 있다. 평범하기 그지없는 정보를 산처럼 쏟아내고 있다. 근거 없는 정치논평, 꼴불견의 동영상 작품, 당혹스러운 아마추어 음악, 수준 미달의 시나 서평, 소설 등 모든 분야를 망라하는 게 블로그이다. 파워블로그처럼 게시물에 대한 신뢰로 영향력을 주고받기도 하지만, 알 수 없는 글과 게시물로 가득 찬 블로그도 넘쳐나고 있다. 정보의 만물상이 된 블로그에 가치 있는 것을 알아채고 찾아내는 것은 개인들의 몫이다. 블로그의 모든 이야기는 자신의 시각을 팩트로 가공해서 내놓은 것일 뿐이다. 그 속에 진주를 찾는 마음으로 블로그를 보게 된다.

신상털기로 가해지는 위협
- 네카시즘 -

▸ **니콜라스 디폰조, 『루머 사회』**

사람들은 상식에서 벗어난 소문 역시 의심 없이 믿고 유포한다.

'된장녀'라는 말이 있다. 네이버 지식 백과에 따르면 '된장녀'는 웬만한 밥값에 해당하는 스타벅스 커피를 즐겨 마시고 해외 명품 소비를 선호하며 스스로 경제활동을 하지 않는 젊은 여성을 비하하는 말이다. 한 때 '개똥녀', '시청녀', '엘프녀' 등 인터넷에서 화제가 되었다. '~녀' 시리즈는 인터넷에 지금도 넘쳐난다. 원래 된장녀가 나오기 전 '개똥녀'가 먼저였다. 2005년 지하철 2호선에 애완견 배설물을 치우지 않고 지하철에서 하차한 여성을 네티즌들이 붙인 별칭이다. 한번 붙여진 'ㅇㅇ녀'에는 걷잡을 수 없는 신상털기가 진행된다. 이들 'ㅇㅇ녀'에 대해선 관심 차원을 넘어 개인의 정보를 해킹해 불법적인 방법으로 공개하고 더구나 허위사실까지 만들어 조작 유포하면서 마녀사냥식으로 궁지에 몰아넣는다. 인터넷에서의 마녀사냥인 네카시즘NetCarthyism이다.

인터넷의 네카시즘은 인터넷인 네트Net와 매카시즘McCarthyism의 합성어이다. 매카시즘은 1950년대 미국에 등장한 정치적 마녀사냥으로 일련의 반공산주의 광풍이다. 미 상원의원 조셉 매카시가 한 연설에서 국무부에 공산당원이 205명이 있다고 발표하면서 관련 없는 사람들이 대대적으로 위협을 받아 사임을 하거나 면직처리 되었다. 그 인원만 2천명이 넘었다. 아무런 근거 없는 발표로 무고한 사람을 마녀사냥식으로 공포에 떨게 했다.[12] 인터넷에서의 마녀사냥은 신상털기로 일어난다. 신상털기는 무고한 사람에게 가해지는 위협이다. 2019년 11월 홍콩시위에 참가한 사람들을 향해 실탄을 쏜 경찰관에 대한 신상털기가 일어났다. 온라인 상에 해당 경찰관뿐만 아니라 자녀에 대한 살해 위협까지 등장하면서 문제가 심각하게 된 적 있다. 특정 사건이 터지면 어김없이 해당 인물에 대한 신상털기가 시도된다. 2019년 12월에 퍼지기 시작한 신종 코로나 바이러스의 확진자에 대한 개인 정보가 유출되면서 신상털기가 횡행했다. 신상털기는 사건의 주인공들과 관련된 신상 정보를 집단적으로 찾아내 무차별 공개하는 일종의 마녀사냥인 것이다.

인터넷에서의 마녀사냥은 과거의 마녀사냥과 달리 특정 사람 특정 계층에 의해 진행되는 것이 아니라, 평범한 일반 사람들도 마녀를 지목하듯 하고, 마녀를 사냥하듯 심판하려 든다. 그것도 일시적으로 한 번만 보이고 사라지는 것이 아니라 대상을 바꾸어 계속 반복적으로 자행된다. 그리고 인터넷에서 사람들은 적극적으로 관심을 갖고 참여하지 않더라도 대부분 신상털기식 마녀사냥을 보면서 즐기고 있다. 신상정보가 나중에 허위로 드러나더라도 '아니면 말고'식으로 넘어간다. 이처럼 인터넷에서의 신상털기와 같은 마녀사냥은 사건의 중심에 있는 인물을 집중 공격하는 일종의 네카시즘이다. 네카시즘은 2005년 고인이 된 어느 여배우를 사랑했다고 고백한 가수 전인권에 대한 네티즌들의 집중 비난을 마녀사냥 풍조라고 보면서 이름 붙인데서 시작했다는 일설이 있다.[13] 그러나 이전에도 네카시즘은 분명 있었다.

인터넷에서 일어난 네카시즘의 초기의 모습으로는 가수 '문희준'에 대한 마녀사냥이었다. 2001년 아이돌 그룹 H.O.T

가 해체되고 문희준이 솔로가수로 전향하고 락음악을 한다는 말에 '문희준'에 대한 네카시즘이 시작되었다. 락음악은 아이돌의 상업적인 댄스음악과는 다르다는 선입견과 함께 솔로 데뷔 후 몇몇 발언들이 와전되어 전국적인 안티를 만들어 문희준을 집중 공격했다.[14] 인터넷 네카시즘의 큰 변환점은 2010년 일어난 가수 타블로의 학력위조 의혹 사건이었다. 그룹 '에픽하이'의 멤버였던 타블로가 미국 스탠포드 대학 영문학과에 입학하여 학/석사학위를 받았다는 사실에 끊임없는 의문을 제기하면서 일어났다. '타블로에게 진실을 요구합니다'라는 카페를 개설하며 타블로에 대한 마녀사냥, 즉 네카시즘은 조직적 움직임으로 관심을 모았다.[15] 나중에 가수 문희준은 무대응으로 반전을 가져왔고, 타블로의 경우는 공중파 방송까지 나서서 위조학력이 아님을 증명하면서 수그러들었다.

그러나 일반인에 대한 마녀사냥도 계속된다. 특히 상반된 상황이 일어나면 댓글에도 상반된 반응으로 특정인에 대한 공격이 반대로 뒤집어진다. 2012년 일어난 '채선당' 사건은 임산부가 밥 먹으러 갔던 식당인 '채선당'에서 종업원이 자신의 배를 차면서 불친절했다는 글이 인터넷에 게시되면서 종업원과 식당은 집중 공격을 받았다. 그러나 나중에 임산부가 사회적 약자라는 사실을 이용하여 종원원에게 과한 행동을 한 것이 드러나 졸지에 파렴치한 사람으로 몰리고 임산부를 향한 공격이 집중되었다. 이러한 마녀사냥에 대해 중립적 태도나 판단을 유보하는 게시글을 찾기는 쉽지 않다. '신상털기', '무차별적 여론몰이', '공중의 적으로 매도하기' 등의 형태로 일어나는 네카시즘은 이제 일상화되었다. 대부분의 뉴스에 등장하는 화제의 인물에게 항상 '신상털기', '여론몰이', '매도하기'가 뒤따른다.

'신상털기'는 특정인의 신상 관련 자료를 찾아내 인터넷에 무차별 살포하는 것으로 뉴스의 인물이 되면 프라이버시를 모두 들추어 낼 정도로 가혹하게 일어난다. '여론몰이'는 공적인 이익에 부합하지 않는 네티즌들의 흥미나 재미에 휩쓸린 경우가 대부분이며 인터넷 자체가 좋은 도구가 된다. '매도하기'는 비난과 욕설로 집중 공격하며 상대에 대한 질투심과 적대심과 같은 부정적 감정을 만든다. 인터넷 마녀사냥을 사람들은 왜 즐기는가에 대한 근본적인 물음에 대한 답은 쉽지 않다. 그러나 인터넷에는 마녀사냥을 가능케 하는 촉매제 역할을 하는 것들이 있다. 바로 익명성과 자유로운 공론장, 그리고 정보의 파편화이다.

우선 익명성의 경우, 인터넷에서는 자신의 정체성을 감출 수 있어 자신을 드러내지 않고 남을 쉽게 공격하게 된다. 자유로운 공론장의 경우, 시공간의 제약을 받지 않고 쉽고 빠르게 의견을 제시할 수 있는 환경으로 인터넷에는 즐비하다. 정보의 파편화의 경우, 일상의 관심을 세밀하게 두지 않는 사람들이 사실을 확인하지 못한 무지한 정보를 재생산하면서 정보를 일관되게 제시하지 못하는 허위사실을 난무하게 한다. 인터넷에는 항상 허위사실이 만연하고 있다. 미국인들이 허위라고 알면서도 인터넷에 떠도는 마녀사냥식 매도의 사례로 오바마가 이슬람교도이며, 미국에서 태어나지 않았으며, 테러리스트들과 친하다고 하는 웃지 못 할 내용이 있다. 더구나 대부분 저명인사들은 끔찍한 행위를 숨겨왔다거나 추잡한 사생활을 하고 있다는 내용의 허위주장들이 인터넷에 돌아다닌다.

네카시즘은 자신을 타인과 분리하는데 시작한다. 타인의 비난받는 행동을 자신이 똑같이 할 때 우리는 쉽게 비난하지 못한다. 스스로를 비난할 수 없기 때문이다. 네카시즘으로 신상털기와 여론몰이, 매도하기를 하는 것은 인터넷 상에서 자신과 타인을 분리하는 심리가 작용하기 때문에 일어난다. 자신의 대한 정보가 철저히 감추어져 인터넷 상에 자신이 비난하는 타인과 동일한 행동을 하는 한에 있어서도 자신이 가려져 있다고 생각하면 타인을 비난하게 된다. 내가 신상털기를 당한다고 생각하면 그리 쉽게 나설 수 없다. 인터넷에서는 내가 누구인지 또는 무엇을 하는지 잘 모르는 상태로 처할 때가 있다. 그래서 상대를 알지 못한 채 나와 상대를 분리시킨 상황에서 다른 사람을 불안과 공포로 밀어 넣는 인터넷의 마녀사냥은 계속될 수 있다.

새나간 비밀 이미 내 것이 아니다
- 해킹 -

▸ **마뉴엘 카스텔, 『인터넷 갤럭시』**

헤커들은 언론이 묘사하는 그런 사람들이 아니다. 코드를 크랙하고 불법적으로 시스템에 침투하거나 컴퓨터 대혼란에 빠트리고자 기도하는 무모한 컴퓨터 괴짜들이 아니다. 그렇게 행동하는 자들은 '크래커'이다.

2020년 6월 일본 '닌텐도' 계정이 해킹을 당했다. 두 달 전인 4월에도 회원 계정 16만 개가 해킹된 후 추가로 14만 개가 해킹된 것이 확인됐다고 '닌텐도'가 밝혔다. '닌텐도'가 해킹을 당한 것은 주로 가정용 게임기 '위유'WiiU와 휴대용 게임기 3DS의 사용자 이름과 비밀번호라고 발표했다.[16] 그러나 실제 유출된 정보는 이름, 생년월일, 성별, 국가지역, 이메일 주소와 함께 닌텐도 플랫폼에서 아이템을 사기 위해 연결된 신용카드 등의 정보도 포함할 가능성이 있어 결제 서비스로 접속할 경우 피해가 만만치 않다. 해킹은 개인에게도 기업에게도 언제나 찾아올 수 있는 위험이다. 과학기술이란 것이 편익과 해악이 있듯이 인터넷도 편리함을 주지만, 정보들이 원치 않는 곳으로 노출되면서 떠안는 위험은 개인의 수준에서 감당하기 힘들 때가 있다.

해킹hacking이란 말은 원래 좋은 의미로 시작되었다.[17] 해킹을 하는 사람을 해커hacker라 하며, 이들은 컴퓨터에 관한 지식을 필요한 최소의 것만 배우는 것이 아니라, 자신의 실력을 늘리기 위해 컴퓨터 시스템의 세부사항까지 많은 지식을 소유한 사람들이다. 해커는 그 지식을 바탕으로 새로운 아이디어를 만드는 컴퓨터 전문가를 의미한다. 이들은 열정적으로 프로그램을 짜고 그 과정을 즐기며, 남들보다 앞서서 컴퓨터 소스를 파악하는 능력으로 인터넷 개발 과정부터 해커들에 의해 연구가 이루어지면서 컴퓨터 기술 발전에 공헌을 한 부분도 있다. 컴퓨터 기술이 인터넷 쪽으로 확장된 데는 해커들의 기여가 있음을 부인할 수 없다. 외부 컴퓨터에 접속하거나 데이터를 주고받는 등 네트워크 기술도 해커들이 파고드는 영역이다.

본래 좋은 의미의 해킹과 달리, 다른 사람에게 피해를 주는 악의적인 행동을 크래킹cracking으로 부른다. 특히 컴퓨터 네트워크를 통하여 보안조치를 침해하고 컴퓨터 시스템에 침입하여 운영을 방해하는 악의적인 행위를 하는 사람을 크랙커cracker라고 하고 이러한 행위를 별도로 구별하여 크래킹이라 한다. 하지만 통상 시스템의 보안망을 뚫고 침입하는 모든 행위를 해킹으로 본다. 컴퓨터들이 해커들에 의해 정보를 유출하게 된 결정적인 것은 네트워크로 연결된 기술이다. 월드와이드웹WWW의 창시자 팀 버너스리Tim Berners-Lee가 1989년 구상해서 생각했던 네트워크와 지금의 네트워크 환경은 크게 달라졌다. 값싼 노트북 하나만 있으면 무서운 속도로 전 세계를 휘젓고 다닐 수 있는 환상을 경험한다. 해킹은 이러한 네트워크 기술에 편승한 것이다. 지구 반대편에서 은행계좌를 몰래 훔쳐볼 수 있고, 기업의 고객 정보를 은밀하게 빼낼 수 있다.

해커와 해킹에 대해 일반인에게 널리 퍼지게 된 것은 1987년 독일 하노버에서 알려진 '뻐꾸기 알'Cuckoo's Egg 사건이다. 독일 하노버의 해커가 대서양 건너 미국의 방위산업체 전산망에 침투하여 군사비밀에 해당하는 각종정보를 빼내 소련 KGB에 넘겨주고 그 대가로 돈과 코카인 등 마약을 받아 왔던 사건이다. 1989년 3월, 5명의 해커들은 일망타진 당하였다. 1년 반 이상 은밀하게 진행되었던 범행은 군사기지나

방위산업체의 컴퓨터로 침입하기 위해 경유한 캘리포니아 대학 로렌스 버클리 연구소의 망에 이를 수상히 여긴 클리포드 스톨Clifford Stoll이라는 한 천문학자의 집요한 추적으로 적발되었다. 이 사건은 해킹을 악용한 최초의 범행은 아니지만, '인터넷을 이용하여 정보 빼내기' 범죄의 효시라고 할 수 있다. 미국 군사정보망의 주축을 이루고 있는 '아르파네트'ARPAnet와 그에 연결된 수많은 컴퓨터의 보안체계에 엄청난 구멍이 뚫려 있다는 사실이 그대로 노출되어 보안에 대한 경각심을 갖게 된 사건으로 해킹을 추적한 스톨이 소설로도 출간하였다.[18]

'뻐꾸기 알' 사건은 컴퓨터에 대하여 잘 모르는 언론매체들이 해커와 해킹이라는 용어를 사용하기 시작한 계기가 되었고 일반인들도 해킹에 대해 이해하게 되었지만, 이때 거의 예외 없이 네트워크를 통해 컴퓨터 시스템에 침입하여 피해를 주는 행위와 관련해서 보도되었기 때문에 해커와 해킹의 의미가 부정적인 색채를 띠게 된 것이다. 해킹은 시스템 서비스 설정의 오류를 공격하거나, 프로그램이나 프로토콜의 취약점을 공격하기도 하고, 악성 코드를 심기도 하는 등 다양한 형태가 일어난다. 그러나 결정적인 것은 데이터에 저장된 정보를 빼내 악의적으로 쓴다는 사실이다.

피해규모가 큰 세계적인 해킹 사건을 보면 대부분 개인 정보의 유출과 연관이 있다. ▶ 2017년 미국 3대 신용기관 '에퀴팩스' 해킹 – 미국 캐나다 영국에서 최대 2억 명의 사람들이 이름 주소, 생년월일, 운전면허증 등의 자료를 해킹당하고 개인의 신용정보도 빼앗겼다. ▶ 2014년 미국에서 가장 큰 은행 'JP모건 체이스' 해킹 – 은행서버 90여 대에 대한 루트 권한으로 자금을 송금하고, 미국 가정의 절반 이상인 7,600만 명과 700만개 중소 기업의 계좌를 폐쇄하게 되었다. ▶ 2013년 대형 할인점 '타켓' 해킹 – 1억 1천만 명의 고객 정보가 해킹되어 개인 및 금융정보가 노출되었다. ▶ 2011년 '소니 플레이스테이션 네트워크' 해킹 – 해커 그룹 '룰즈섹'이 소니 플레이스테이션 네트워크에서 7,700만 사용자의 집 주소, 구매 내역, 이메일 주소, 사용자 이름, 비밀 번호를 훔쳤다.

인터넷은 또 다른 인터넷에 관해 고민하게 한다. 해킹이 던지는 고민이다. 정보가 해킹으로 퍼져나가면 그걸로 끝이다. 개인의 정보들이 여기저기 나뒹굴 때 우리는 두려움을 겪는다. 좋든 싫든 자유로운 정보 덕분에 세상은 달라졌다. 편리한 인터넷을 이용하기 위해 우리는 많은 정보를 인터넷에 제공한다. 익명인이 관람할 수 있는 인터넷 영역에 제공한 정보는 이미 내 것이 아니다. 영국의 사회학자 바우만Z. Bauman

은 오늘날의 시대를 '사냥꾼'의 시대라고 했다.[19] 우리 앞에 놓인 선택지는 두 가지. 사냥꾼이 되느냐, 사냥감이 되느냐. 살벌한 말로 보인다. 근대의 사회는 유토피아의 꿈이 있었지만, 지금은 알 수 없는 공포로 공포를 경험하는 포보포비아 phobophobia, 공포에 대한 공포증로 힘겨울 때가 있다. 해킹이 바로 그런 공포가 될 수 있다. 초기의 해커 정신에 기반한 해킹 문화를 유도하거나 아니면 더 이상 내 것이 아닌 정보로 피해를 입지 않도록 사냥감에서 벗어나는 개인의 장치가 있어야 한다. 그렇지 않다면 인터넷이 주는 혜택을 생각하고 이것을 감내해야 하는 수밖에 없다.

주 1장

1 세넷, 리처드 (2013), 『투게더-다른 사람들과 함께 살아가기』, 김병화 옮김, 현암사.

2 마페졸리, 미셸 (2017), 『부족의 시대: 포스트모던 사회에 개인주의의 쇠퇴』, 박정호 · 신지은 옮김, 문학동네.

3 Marsden, Paul and Syzygy, Group (2011), "Social Commerce: Monetizing Social Media," unique digital, syzygy,net

4 김철환 (2010), "소셜커머스 해외 추진 사례와 전망", 『DigiEco Focus』, KT경제경영연구소.

5 http://blog.naver.com/vonchio?Redirect=Log&logNo=110103966726

6 김철환 (2011), 『소셜커머스-신뢰가 돈이 되는 사람 중심 상거래 혁명』, 블로터앤미디어.

7 보드리야르, 장 (1991), 『소비의 사회-그 신화와 구조』, 이상률 옮김, 문예출판사

8 "아이돌 시장 갈수록 쑥쑥..." 〈BUSINESSPOST, 2018.4.19.〉
http://www.businesspost.co.kr/BP?command=article_view&num=80818

9 "BTS키운 빅히트 수직 성장, 기업가치 1조원 넘어", 〈연합뉴스, 2018.5.27.〉
https://www.yna.co.kr/view/AKR20180525173300008?input=1179m

10 "디지털 네이티브", 〈다음백과〉
https://100.daum.net/encyclopedia/view/24XXXXX89631

11 윤을요, (2016), 「스낵 컬처와 패스트 패션」, 『한국콘텐츠학회 논문지』 16(9), 612-627

12 방송통신위원회 (2019), 『2019 방송매체 이용행태 조사』, 방송통신위원회.

13 방송통신위원회 (2019), 『2019 방송매체 이용행태 조사』, 방송통신위원회.

14 한국콘텐츠진흥원 (2015), 『웹툰 산업 현황 및 실태조사』. 한국콘텐츠진흥원.

15 "먹방", 〈위키백과〉,
https://ko.wikipedia.org/wiki/%EB%A8%B9%EB%B0%A9;
"대한민국은 오 '먹방'에 열광하나", 〈EconomyInsight〉 (2015. 6.1.),
http://www.economyinsight.co.kr/news/articleView.html?idxno=2757

16 "먹방 유튜버 순위 대변동", 〈ALLETS〉 (2019.2.25.)
https://allets.com/contents/?categoryId=47&contentsId=30501&utm_source=naverpost&utm_medium=social&utm_campaign=contents

17 폴란, 마이클 (2014), 『요리를 욕망하다』, 김현정 옮김, 에코리브르, 14쪽.

18 "먹방 쿡방 유행에도 ...요리 안하는 한국인", 〈서울신문〉 (2019.4.3.), http://www.seoul.co.kr/news/newsView.php?id=20150403002008

19 럽턴, 데보러 (2015), 『음식과 먹기의 사회학』, 박형신 옮김, 한울, 72쪽.

20 Mennell, S., A Murcott and A. vanOtterloo (1992), "The sociology of food: eating, diet and culture", *Current Sociology*, 40(2).

주 2장

1 "트위터봇", 〈네이버지식백과〉
https://terms.naver.com/entry.nhn?docId=2070994&cid=42346&categoryId=42346

2 "인증샷", 〈네이버 지식백과〉
https://terms.naver.com/entry.nhn?docId=3587237&cid=59277&categoryId=59280

3 "인스타그램", 〈나무위키〉
https://namu.wiki/w/%EC%9D%B8%EC%8A%A4%ED%83%80%EA%B7%B8%EB%9E%A8

4 Bumgarner, B. (2007), "You have been poked: Exploring the uses and gratifications of Facebook among emerging adults"‘ First Monday [Online], 12(11).

5 호이징가, 요한 (2003), 『호모 루덴스』, 김윤수 옮김, 까치, 또는 이종인이 번역한 『호모 두덴스-놀이하는 인간』 개정판 2018년 출간. 참고.

6 콜드리, 닉 (2007), 『미디어는 어떻게 신화가 되었는가 – 미디어 의식의 비판적 접근』, 김정희 · 김호은 옮김, 커뮤니케이션북스.

7 "인스타그램", 〈나무위키〉
https://namu.wiki/w/%EC%9D%B8%EC%8A%A4%ED%83%80%EA%B7%B8%EB%9E%A8

8 Goffman, E. (1959), The Presentation of Self in Everyday Life, NY: Anchor.

9 "짤방", 〈나무위키〉,
https://namu.wiki/w/%EC%A7%A4%EB%B0%A9

주 3장

1 정민우 · 이나영 (2009), 「스타를 관리하는 팬덤, 팬덤을 관리하는 산업-2세대 아이돌 팬덤의 문화실천의 특징 및 함의」, 『미디어, 젠더 & 문화』, 한국여성커뮤니케이션학회, (12), 191-240.

2 Fiske, J, (1992), "The Cultural Economy of Fandom", in Lewis, L. A. (eds.), The Adoring Audience: Fan Culture and Popular Media, Routledge.

3 서일호 · 조혜덕 (2019), 『스타와 팬』, 커뮤니케이션북스.

4 함윤섭, (2003), "디지털패러디의 사회적 의미와 미래예측에 관한 연구", 『한국디자인문화학회지』, 9(4), 1-12.

5 허치언, 린다 (1998), 『패러디 이론』, 김상구 · 윤여복 옮김, 문예출판사.

6 http://www.hani.co.kr/arti/society/area/764255.html

7 한동완 (2002), "통신 언어의 매체적 특성과 전망", 『문학, 인터넷을 만나다』, 민족작가회의 주최 인터넷 문학 활성화를 위한 심포지엄.

8 김선철 (2011), "통신언어 준말의 형성에 대한 음운론 · 형태론적 고찰", 『언어학』, (61), 115-129.

9 너스바움, 마사 (2015), 『혐오와 수치심-인간다움을 파괴하는 감정들』, 조계원 옮김, 민음사.

10 "스노우캣", 『나무위키』,
https://namu.wiki/w/%EC%8A%A4%EB%85%B8%EC%9A%B0%EC%BA%A3

11 "강풀의 순정만화", 『나무위키』,
https://namu.wiki/w/%EA%B0%95%ED%92%80%EC%9D%98%20%EC%88%9C%EC%A0%95%EB%A7%8C%ED%99%94

12 "골방환상곡", 『나무위키』, https://namu.wiki/w/%EA%B3%A8%EB%B0%A9%ED%99%98%EC%83%81%EA%B3%A1

13 한국콘텐츠진흥원(KOCCA), (2019), 『2019 웹툰 사업체 실태 조사』, 한국콘텐츠진흥원.

14 허예지 외 (2016), 「웹툰의 인지도와 게임의 인지도간의 관계」, 『한국컴퓨터정보학회 학술발표논문집』, 한국컴퓨터정보학회.

15 한국콘텐츠진흥원(KOCCA), (2019), 『2019 웹툰 사업체 실태 조사』, 한국콘텐츠진흥원.

16 Fish, Stanley (1980), Is there a Text in this Class? The Authority of Interpretive Community, Harvard University Press.

17 "터미네이터", 〈위키백과〉, https://ko.wikipedia.org/wiki/%ED%84%B0%EB%AF%B8%EB%84%A4%EC%9D%B4%ED%84%B0_(%EC%98%81%ED%99%94)

18 깁슨, 윌리엄 (2005), 『뉴로맨서』, 김창규 옮김, 황금가지.

주 4장

1 윤성옥 (2018), "가짜뉴스의 개념과 범위에 관한 논의", 『언론과법』 17(1), 51-84.

2 〈한겨레〉 "한세계 정치권 뒤흔드는 '가짜 뉴스'의 모든 것", (2016.12.8.) http://www.hani.co.kr/arti/international/international_general/773835.html#csidx527a300ecc48cda9f92915e1a47f92d

3 Russian accounts and a fake news site are reviving the

debunked Pizzagate conspiracy theory, MEDIAMATTERS, 2017.11.5.
https://www.mediamatters.org/blog/2017/11/05/Russian-accounts-and-a-fake-news-site-are-reviving-the-debunked-Pizzagate-conspiracy-theor/218457

4 Wason, Peter (1960), "One the failure to eliminate hypothesis in a conceptual task", Quarterly Journal of Experimental Psychology. 12. 129-140.

5 선스타인. 캐스 R. (2009), 『루머 – 인터넷시대에 던지는 신 문명비판』, 이기동 옮김, 프리뷰.

6 '플래시몹' 『다음백과』,
https://100.daum.net/encyclopedia/view/rkb04a1068

7 임상현, 김개천 (2013), "장소성을 바탕으로 한 플래시 몹의 공간적 구현에 관한 연구-공적 공공공간을 주심으로", 『한국디자인학회논문집』, 한국실내디자인학회, 22(6). 181-189.

8 Turner, V .(1995), The Ritual Process: Structure and Anti-Structure. Aldine.

9 '해시태그', 『네이버 지식백과』,
https://terms.naver.com/entry.nhn?docId=3579481&cid=59088&categoryId=59096

10 이동환 외, (2017), "SNS를 통한 시민 사회운동의 공론화 과정: #그런데최순실은?", 『사이버커뮤니케이션학보』, 34(2), 83-123.

11 오수연 (2015), "마케팅, 해시태그(#)의 바다에 빠지다", 『마케팅』, 49(10), 59-64.

12 김효진 (2014), "동일본 대지진과 트위터", 『일본연구』, 37. 273-295.

13 셔키, 클레이 (2011), 『많아지면 달라진다-1조 시간을 가진 새

로운 대중의 탄생』, 이충호 옮김, 갤리온.

14 라인골드, 하워드 (2003), 『스마트몹, 참여군중-휴대폰과 인터넷으로 무장한 새로운 군중』, 이운경 옮김, 황금가지, 83쪽.

15 "몸집 커지는 크라우드 펀딩", 〈한국경제, 2020.1.16〉, https://www.hankyung.com/economy/article/2020011592671

16 "위키백과", 〈위키백과〉, https://ko.wikipedia.org/wiki/%EC%9C%84%ED%82%A4%EB%B0%B1%EA%B3%BC

17 레비, 피에르 (2002), 『집단지성-사이버공간의 인류학을 위하여』, 권수경 옮김, 문학과지성사, 38-42.

18 "위키노믹스", 〈위키백과〉, https://ko.wikipedia.org/wiki/%EC%9C%84%ED%82%A4%EB%85%B8%EB%AF%B9%EC%8A%A4

19 서로위키, 제임스 (2005), 『대중의 지혜』, 홍대운 · 이창근 옮김, 랜덤하우스중앙.

20 "네이버 지식iN", 〈위키백과〉, https://ko.wikipedia.org/wiki/%EC%A7%80%EC%8B%9DiN

21 "위키백과", 〈위키백과〉

22 셔키, 클레이 (2008), 『끌리고 쏠리고 들끓다- 새로운 사회와 대중의 탄생』, 송연석 옮김. 갤리온.

주 5장

1 기든스, 앤서니 (2001), 『현대 사회의 성, 사랑, 에로티시즘』, 배은경 · 황정미 옮김, 새물결.

2 "데이팅 앱 한국에서 매출 높았다." 〈블로터〉

http://www.bloter.net/archives/371391

3 "온라인 데이팅 서비스", 〈위키백과〉, https://ko.wikipedia.org/wiki/%EC%98%A8%EB%9D%BC%EC%9D%B8_%EB%8D%B0%EC%9D%B4%ED%8C%85_%EC%84%9C%EB%B9%84%EC%8A%A4

4 장은경 · 추대식 (2015), "새로운 연애 트렌드 '소셜 데이팅' 피해 많아", 한국소비자원, 2015.5.26.

5 "240번 버스 사건...국민청원까지 등장", 〈월간조선〉 http://monthly.chosun.com/client/mdaily/daily_view.asp?Idx=1412&Newsnumb=2017091412

6 "국정원 드루킹 댓글 조작 비교" 〈중앙일보, 2018.5.23.〉 https://news.joins.com/article/22649049

7 "댓글", 〈위키백과〉 https://ko.wikipedia.org/wiki/%EB%8C%93%EA%B8%80

8 성동규 (2006), 『사이버커뮤니케이션』, 세계사, 167-170.

9 양정애 (2019), "댓글 폐지, 실검 폐지에 대한 국민의식조사", 『미디어 이슈』, 한국언론진흥재단, 5(6).

10 "사이버 폐인", 〈다음백과〉, https://100.daum.net/encyclopedia/view/55XXXXX30523

11 방희경 (2006), "사이버공간의 소수적인 문화를 위하여: 사이버 폐인'들의 다르게 정치하기", 『사회연구』 11호, 47-74.

12 터클, 셰리 (2012), 『외로워지는 사람들』, 이은주 옮김, 청림출판, 64쪽.

13 "일베저장소". 〈나무위키〉 https://namu.wiki/w/%EB%A9%94%EA%B0%88%EB%A6%AC%EC%95%84

14 강정석 (2013), "〈일간베스트저장소〉, 일베의 부상", 『문화과학』 (75),274-276

15 "메갈리아", 〈나무위키〉
https://namu.wiki/w/%EB%A9%94%EA%B0%88%EB%A6%AC%EC%95%84

16 "쿵쾅이 몰려온다 vs 십이한남이네... 혐오청춘, 출구없나", 〈아시아경제, 2018.8.9.〉
http://www.asiae.co.kr/news/view.htm?idxno=2018080710383573127

17 장소연 · 류웅재 "온라인 커뮤니티와 혐오의 문화정치: 일간베스트저장소와 메갈리아의 사례를 중심을", 『한국소통학보』 16(1), 59-69.

18 Janis, Irving (1982), Groupthinking, Hougton MIfflin.

19 "공익 참여부터 놀이 문화까지", 〈데일리안〉 (2020.6.10.),
https://www.dailian.co.kr/news/view/896214?sc=Daum

20 "국내 NGO 최초 온라인 캠페인 진행,,, 나눔문화 확산 이끌어", 〈조선일보〉 (2020.3.17.),
https://news.chosun.com/site/data/html_dir/2020/03/16/2020031601754.html?utm_source=daum&utm_medium=original&utm_campaign=news

21 "Freerice", 〈위키백과〉,
https://ko.wikipedia.org/wiki/Freerice

22 "카카오 배틀그라운드, 경쟁전 챌린지...게임도 즐기고 기부도 하고", 〈매경게임진〉 (2020.6.10.),
http://game.mk.co.kr/view.php?year=2020&no=596885

주 6장

1 드보르, 기 (2014), 『스펙타클의 사회』, 유재홍 옮김, 울력.

2 "촛불집회", 〈다음백과〉,
https://100.daum.net/encyclopedia/view/47XXXXXd1310

3 틸리, 찰리 (1995), 『동원에서 혁명으로』, 양길현 외, 서울프레스.

4 "2008년 대한민국 촛불시위", 〈위키백과〉,
https://ko.wikipedia.org/wiki/2008%EB%85%84_%EB%8C%80%ED%95%9C%EB%AF%BC%EA%B5%AD_%EC%B4%9B%EB%B6%88_%EC%8B%9C%EC%9C%84

5 도묘연 (2017), 2016년-2017년 박근혜 퇴진 촛불집회 참여의 결정요인", 『의정연구』, 51권, 110-146.

6 "사이버 불링", 〈월강중앙-중앙시사매거진, 2016.10〉,
http://jmagazine.joins.com/monthly/view/313283#self

7 안성진 외 (2015), 『사이버불링의 이해와 대책』, 교육과학사.

8 힌두자, 세미어 · 패친, 저스틴 (2012), 『사이버폭력』, 조아미 외 옮김, 정민사.

9 〈블로그차트〉, http://www.blogchart.co.kr

10 "베비로즈 사태로 파워블로그 공구 찬문", 〈한국일보, 2011.7.4.〉
https://news.v.daum.net/v/20110704023906800?f=o

11 "도 넘은 파워블로거지의 도둑심보", 〈이지경제, 2014.8.28.〉
http://www.ezyeconomy.com/news/articleView.html?idxno=54219

12 "매카시즘", 〈다음백과〉,
https://100.daum.net/encyclopedia/view/165XX57200007

13 "네카시즘", 〈다음백과〉,
https://100.daum.net/encyclopedia/view/31XXXXXX3218

14 "문희준", 〈나무위키〉,
https://namu.wiki/w/%EB%AC%B8%ED%9D%AC%EC%A4%80

15 "타블로의 스탠퍼드대학교 학력위조 논란", 〈위키백과〉,
https://ko.wikipedia.org/wiki/%ED%83%80%EB%B8%94%EB%A1%9C%EC%9D%98_%EC%8A%A4%ED%83%A0%ED%8D%BC%EB%93%9C_%EB%8C%80%ED%95%99%EA%B5%90_%ED%95%99%EB%A0%A5_%EC%9C%84%EC%A1%B0_%EB%85%BC%EB%9E%80

16 "닌텐도 해킹 피해 계정 16만개에서 30만개로 늘어", 〈MBN뉴스〉 (2020.6.10.),
https://www.mbn.co.kr/news/world/4179853

17 "해킹", 〈다음백과〉,
https://100.daum.net/encyclopedia/view/24XXXXX90442

18 스톨, 클리포드 (1991), 『뻐꾸기 알』, 편집부 역, 두산잡지BU.

19 바우만, 지그문트 (2010), 『모두스 비벤디: 유동하는 세계의 지옥과 유토피아』, 한상석 옮김, 후마니타스.

참고문헌

강정석, (2013), "〈일간베스트저장소〉, 일베의 부상", 『문화과학』 (75).

고프만, 어빙 (2016), 『자아 연출의 사회학』, 진수미 옮김, 현암사.

기든스, 앤서니 (2001), 『현대 사회의 성, 사랑, 에로티시즘』, 배은경 · 황정미 옮김, 새물결.

김선철 (2011), "통신언어 준말의 형성에 대한 음운론 · 형태론적 고찰", 『언어학』, (61), 115-129.

김철환 (2010), "소셜커머스 해외 추진 사례와 전망", 『DigiEco Focus』, KT경제경영연구소.

김철환 (2011), 『소셜커머스-신뢰가 돈이 되는 사람 중심 상거래 혁명』, 블로터앤미디어.

김효진 (2014), "동일본 대지진과 트위터", 『일본연구』, 37. 273-295.

깁슨, 윌리엄 (2005), 『뉴로맨서』, 김창규 옮김, 황금가지.

너스바움, 마사 (2015), 『혐오와 수치심-인간다움을 파괴하는 감성들』, 조계원 옮김, 민음사.

다얀, 다니엘 · 캐츠, 엘리후 (2011), 『미디어 이벤트-역사를 생중계하다』, 곽현자 옮김, 한울.

대니얼, 액스트(2013), 『자기 절제 사회 : 유혹 과잉 시대, 어떻게 욕망에 대항할 것인가』, 구계원 옮김, 민음사.

도묘연 (2017), 2016년-2017년 박근혜 퇴진 촛불집회 참여의 결정 요인", 『의정연구』, 51권, 110-146.

드 보통, 알랭 (2014), 『뉴스의 시대』, 최민우 옮김, 문학동네.

드보르, 기 (2014), 『스펙타클의 사회』, 유재홍 옮김, 울력.

디폰조, 니콜라스 (2012), 『루머 사회』, 곽윤정 옮김, 흐름.
라인골드, 하워드 (2003), 『스마트몹, 참여군중-휴대폰과 인터넷으로 무장한 새로운 군중』, 이운경 옮김, 황금가지.
럽턴, 데버러 (2015), 『음식과 먹기의 사회학』, 박형신 옮김, 한울.
레비, 피에르 (2002), 『집단지성-사이버공간의 인류학을 위하여』, 권수경 옮김, 문학과지성사.
마페졸리, 미셸 (2017), 『부족의 시대: 포스트모던 사회에 개인주의의 쇠퇴』, 박정호 · 신지은 옮김, 문학동네.
모랭, 에드가 (2000), 『스타-스타를 통해본 대중문화』, 이상률 옮김, 문예출판사.
미드, 조지 H. (2010), 『정신 · 자아 · 사회-사회적 행동주의자가 분석하는 개인과 사회』, 나은영 옮김, 한길사.
밀러, 제프리 (2010), 『스펜트-섹스, 진화 그리고 소비주의의 비밀』, 김명주 옮김, 동녘사이언스.
바우만, 지그문트 (2010), 『모두스 비벤디: 유동하는 세계의 지옥과 유토피아』, 한상석 옮김, 후마니타스.
방송통신위원회 (2019), 『2019 방송매체 이용행태 조사』, 방송통신위원회.
방희경 (2006), "사이버공간의 소수적인 문화를 위하여: 사이버 폐인'들의 다르게 정치하기", 『사회연구』 11호, 47-74.
버거, 피터 · 지더벨트, 안톤 (2010), 『의심에 대한 옹호』, 함규진 옮김, 산책자.
버틀러, 주디스 (2016), 『혐오발언-너와 나를 격분시키는 말 그리고 수행성의 정치학』, 유민석 옮김, 알렙.
보드리야르, 장 (1991), 『소비의 사회-그 신화와 구조』, 이상률 옮김, 문예출판사.
비릴리오, 폴 (2004), 『소멸의 미학- 시간과 속도의 여행』, 김경온 옮김, 연세대학교출판부.
서로위키, 제임스 (2005), 『대중의 지혜』, 홍대운 · 이창근 옮김, 랜덤하우스중앙.
서일호 · 조혜덕 (2019), 『스타와 팬』, 커뮤니케이션북스.
선스타인. 캐스 R. (2009), 『루머 – 인터넷시대에 던지는 신 문명비판』, 이기동 옮김, 프리뷰.
성동규 (2006), 『사이버커뮤니케이션』, 세계사.
세넷, 리처드 (2013), 『투게더-다른 사람들과 함께 살아가기』, 김병화 옮김, 현암사.
셔키, 클레이 (2008), 『끌리고 쏠리고 들끓다- 새로운 사회와 대중의 탄생』, 송연석 옮김. 갤리온.
셔키, 클레이 (2011), 『많아지면 달라진다-1조 시간을 가진 새로운 대중의 탄생』, 이충호 옮김, 갤리온.
스톨, 클리포드 (1991), 『뻐꾸기 알』, 편집부 역, 두산잡지BU.
안성진 외 (2015), 『사이버불링의 이해와 대책』, 교육과학사.
액스트, 대니얼 (2013), 『자기 절제 사회-유혹 과잉 시대, 어떻게 욕망에 대항할 것인가』, 구계원 옮김, 민음사.
양정애, (2019), "댓글 폐지, 실검 폐지에 대한 국민의식조사", 『미디어 이슈』, 한국언론진흥재단, 5(6).
오수연 (2015), "마케팅, 해시태그(#)의 바다에 빠지다", 『마케팅』, 49(10), 59-64.
윤성옥 (2018), "가짜뉴스의 개념과 범위에 관한 논의", 『언론과법』 17(1), 51-84.

윤을요, (2016), 「스낵 컬처와 패스트 패션」, 『한국콘텐츠학회논문지』 16(9), 612-627

이동환 외, (2017), "SNS를 통한 시민 사회운동의 공론화 과정: #그런데최순실은?", 『사이버커뮤니케이션학보』, 34(2), 83-123.

임상현, 김개천 (2013), "장소성을 바탕으로 한 플래시 몹의 공간적 구현에 관한 연구-공적 공공공간을 주심으로", 『한국디자인학회논문집』, 한국실내디자인학회, 22(6). 181-189.

장소연 · 류웅재 "온라인 커뮤니티와 혐오의 문화정치: 일간베스트저장소와 메갈리아의 사례를 중심을", 『한국소통학보』 16(1), 59-69.

장은경 · 추대식 (2015), "새로운 연애 트렌드 '소셜 데이팅' 피해 많아", 한국소비자원, 2015.5.26.

정민우 · 이나영 (2009), 「스타를 관리하는 팬덤, 팬덤을 관리하는 산업-2세대 아이돌 팬덤의 문화실천의 특징 및 함의」, 『미디어, 젠더 & 문화』, 한국여성커뮤니케이션학회, (12), 191-240.

카스텔, 마뉴엘 (2004), 『인터넷 갤럭시』, 박행웅 옮김, 한울

콜드리, 닉 (2007), 『미디어는 어떻게 신화가 되었는가 – 미디어 의식의 비판적 접근』, 김정희 · 김호은 옮김, 커뮤니케이션북스.

킨, 앤드루 (2010), 『인터넷 원숭이들의 세상-구글, 유튜브, 위키피디아』, 박행웅 옮김, 한울.

터너, 빅터, 『인간 사회와 상징 행위-사회적 드라마, 구조, 커뮤니타스』, 강대훈 옮김, 황소걸음.

터클, 셰리 (2012), 『외로워지는 사람들』, 이은주 옮김, 청림출판.

틸리, 찰리 (1995), 『동원에서 혁명으로』, 양길현 외, 서울프레스.

폴란, 마이클 (2014), 『요리를 욕망하다』, 김현정 옮김, 에코리브르.

한국콘텐츠진흥원 (2015), 『웹툰 산업 현황 및 실태조사』. 한국콘텐츠진흥원.

한국콘텐츠진흥원(KOCCA), (2019), 『2019 웹툰 사업체 실태조사』, 한국콘텐츠진흥원.

한동완 (2002), "통신 언어의 매체적 특성과 전망", 『문학, 인터넷을 만나다』, 민족작가회의 주최 인터넷 문학 활성화를 위한 심포지엄.

함윤섭, (2003), "디지털패러디의 사회적 의미와 미래예측에 관한 연구", 『한국디자인문화학회지』, 9(4), 1-12.

허예지 외 (2016), 「웹툰의 인지도와 게임의 인지도간의 관계」, 『한국컴퓨터정보학회 학술발표논문집』, 한국컴퓨터정보학회.

허치언, 린다 (1998), 『패러디 이론』, 김상구 · 윤여복 옮김, 문예출판사.

호이징가, 요한 (2003), 『호모 루덴스』, 김윤수 옮김, 까치, 또는 이종인이 번역한 『호모 두덴스-놀이하는 인간』 개정판 2018년 출간. 참고.

힌두자, 세미어 · 패친, 저스틴 (2012), 『사이버폭력』, 조아미 외 옮김, 정민사.

Fish, Stanley (1980), *Is there a Text in this Class? The Authority of Interpretive Community*, Harvard University Press.

Fiske, J, (1992), "The Cultural Economy of Fandom", in Lewis, L. A. (eds.), *The Adoring Audience: Fan Culture and Popular Media*, Routledge.

Goffman, E. (1959), *The Presentation of Self in Everyday Life*,

NY: Anchor.

Marsden, Paul and Syzygy, Group (2011), "Social Commerce: Monetizing Social Media," *unique digital*, syzygy,net

Mennell, S., A Murcott and A. vanOtterloo (1992), "The sociology of food: eating, diet and culture", *Current Sociology*, 40(2).

Turner, V .(1995), *The Ritual Process: Structure and Anti-Structure*. Aldine.

Wason, Peter (1960), "One the failure to eliminate hypothesis in a conceptual task", *Quarterly Journal of Experimental Psychology*. 12. 129-140.

| 저자소개 |

박 창 호

현재 숭실대학교 정보사회학과 교수로 일하고 있다. 사이버문화, 인터넷과 사회, 뉴미디어와 정보사회를 가르친다. 영국 University of Hull에서 사회학 박사를 받았다. 주요 저서로 '사이버공간의 사회학', '다시 읽는 막스 베버'(공저), '문화사회학',(공저), '뒤르케임을 다시 생각한다'(공저), '인터넷을 넘어선 사회학' 등이 있으며, 번역서로 '사회학적 방법의 규칙들', '사회학적으로 생각하기', '지식논쟁-포스트모던시대의 사회이론' 등이 있다. 인터넷 공간인 사이버사회의 변화와 이에 적응하는 인간 삶의 양태에 대한 관심을 사회학적 시각으로 조망하면서 글쓰기 하고 있다.

디지털 네이티브의 사회적 시간은 짧다

- 사이버문화 읽기 -

2020년 7월 20일 | 1판 1쇄 인쇄
2020년 7월 23일 | 1판 1쇄 발행

지 은 이 | 박창호
발 행 인 | 김은중
발 행 처 | 서울경제경영출판사
북 디 자 인 | (주)우일미디어디지텍

주 소 | 03767 서울특별시 서대문구 신촌로 205, 506호
전 화 | 02)313-2682
팩 스 | 02)313-8860

등 록 | 1998년 1월 22일 제5-63호

ISBN 979-11-6282-076-6 93330 정가 19,000원

※ 잘못된 책은 바꾸어 드립니다.